TopBook
一个人，遇见一本书
饕书客

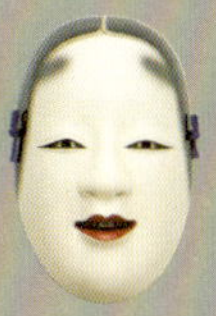

Japanese mythology

日本神话

宫崎骏、《犬夜叉》、阴阳师的奇幻世界

创世神话 妖怪物语 草木神灵

奇巧、炫丽的神鬼世界

李 洁○著

TopBook
饕书客

陕西新华出版传媒集团
陕西人民出版社

图书在版编目（CIP）数据

日本神话 / 李洁著. — 西安 : 陕西人民出版社,
2018
ISBN 978-7-224-12735-5

Ⅰ. ①日… Ⅱ. ①李… Ⅲ. ①神话—研究—日本
Ⅳ. ①B932.313

中国版本图书馆CIP数据核字(2018)第085251号

出 品 人：惠西平

总 策 划：宋亚萍

出版统筹：韩 琳

策划编辑：王 倩 张启阳

责任编辑：王 凌 关 宁

整体设计：哲 峰

日本神话

作 者 李 洁
出版发行 陕西新华出版传媒集团 陕西人民出版社
（西安北大街147号 邮编：710003）
印 刷 陕西隆昌印刷有限公司
开 本 787mm × 1092mm 16开 16印张
字 数 236千字
版 次 2018年7月第1版 2026年1月第8次印刷
书 号 ISBN 978−7−224−12735−5
定 价 49.80元

日本の神話

第一章　神出高天原　001

一、别天神与神世七代　001

二、造神运动：八百万神　004

三、从碧落到黄泉：由爱生恨的天神　008

第二章　天津神　013

一、三贵子　013

二、天照大神的隐与现　017

三、素盏鸣尊的过与功　021

四、三大神器　026

第三章　国津神　033

一、大国主神　033

二、苇原中国的诸神之战　039

三、天孙降临苇原中国　045

四、山幸彦与海幸彦　051

日本の神話

第四章　现人神　059

一、神武天皇　059

二、倭建命　063

三、一言主神、住吉神与八幡神　067

第五章　怨灵神　075

一、菅原道真　075

二、平将门　079

三、早良亲王　085

四、崇德天皇　088

第六章　外来神　093

一、日本佛教中的神明　093

二、道教神明与阴阳师安倍晴明　103

三、天草魔王　108

第七章　草子物语（上）　111

一、辉夜姬 111
二、酒吞童子 116
三、浦岛太郎 121
四、无耳芳一 125
第八章　草子物语（下） 129
一、瓜姬物语 129
二、舌切雀 133
三、一寸法师 136
第九章　民间神话 141
一、桃太郎 141
二、雪女 143
三、招财猫 145
四、天狗 148
五、玉藻前与稻荷神 152

第十章　百鬼夜行（上）　157

一、付丧神：成精的锅碗瓢盆　157

二、逢魔时分青行灯　159

三、河童　163

四、百鬼夜行之“火”　165

五、日和坊与小雨坊　171

六、牛鬼　175

第十一章　百鬼夜行（中）　179

一、镰鼬　179

二、犬神　182

三、青坊主、海坊主与泥田坊　185

四、以津真天与姑获鸟　188

五、滑头鬼　190

六、道成寺钟　192

日本の神話

第十二章　百鬼夜行（下）　197

一、文车妖妃与尘冢怪王　197

二、桥姬　202

三、青女房与丑时之女　205

四、络新妇　208

五、座敷童子　210

第十三章　七福神　215

一、七福神　215

二、惠比寿　217

三、大黑天　218

四、毗沙门天　219

五、弁财天　221

六、福禄寿与寿老人　222

七、布袋和尚　222

第十四章　土神　225

一、阿伊努族的神　225

二、注连绳　228

三、叠石头的神仙　230

四、鸟居　231

五、神宫、神社与神龛　234

第十五章　光怪陆离的自然神话　239

一、樱　239

二、竹　241

三、鱼　243

四、各种鸟　247

第一章

神出高天原

一、别天神与神世七代

这是一个万物未生的时代。世界一片灰蒙蒙，没有天空，也没有大地，没有山川河流，也没有海洋与沙漠。这是一个混沌世界，是万事万物的初始。然而，这个世界正在一点一点地发生着变化：清扬的风正缓缓上升，变成天空，浑浊的泥沙凝聚着厚重的尘埃与土壤缓缓下沉变成了最初的大地。而世界由此而生。

又过了很久，在高天与大地之间，有一块软如油膏一样的物体，轻轻飘浮着，缓缓在天空游荡。慢慢地，在它的上面生出一个小苇芽，柔嫩又新鲜——这就是诸神之始。

天地间最早诞生的神明是天之御中主神。这是天空的中心之神，也是天上的主宰者，象征着世界本身，是第一世代的神明，在创世后就归隐了。

接下来诞生的是高御产巢日神，掌管着生命与繁殖，是生命形成之神，也被唤作“产灵之神”。这是高天原系统的创造神，能号令高天原诸神，其女儿是天孙迩迩艺命之母。他后来虽然归隐，却经常为后世之神留下神示，为他们指引方向。

此后，诞生了幽冥界的主宰神明——神产巢日神，这也是一位产灵之神，又名“高皇产灵神”，是出云系国津神的创造者。这位神明住在高天原，虽惯常不理俗世，但有时也会发号施令，帮助后来出现的大国主神。

天之御中主神、高御产巢日神和神产巢日神，并称为高天原的造化三神，这三位神明终生没有结婚。他们后世虽然生出诸多神明，却并不是婚生子孙。

在造化三神之后，赞美苇芽神圣的宇麻志阿斯诃备比古迟神和永远生存在天上的天之常立神也相继出现，这两位神明与造化三神合称“别天神”。

虽然别天神不分男女，飘忽不定，却在高天原之上主宰着天界的万事万物，是天界永存不灭、万古恒昌的象征。

苇芽继续化生，诞生了国之常立神，掌管着苍茫大地，与天之常立神对应而生，象征地之四极永存不灭，这就是神世七代中的第一代神明。

然后诞生的是丰云野神，丰云野神与别天神和国之常立神一样，是“隐形独神”，既没有性别，也没有形体。丰云野神诞生之际，天与地、地与海还没有区分开，这是一位原野之神，也是神世七代中的第二代神明。或许造物主觉得这些“隐形独神”孤单而无聊吧，从第三代神明开始，新的神明有了性别，有了血肉之躯，他们是宇比地迩神和妹须比智迩神。身为男性的宇比地迩神是泥土神，而身为女性的妹须比智迩神是沙土神。从此，世界开始有了土壤，更加踏实。

第四代神明是角杙神和妹活杙神，他们是一对木桩神，掌管山林木材。角杙神是男神，使植物的根茎发芽，支撑大地；妹活杙神是位女神，她的存在使植物生长。

第五代神明也是一对神明，男神为意富斗能地神，女神为女大斗乃辨神，他们是居所之神，也就是建筑神。

神明此时虽已经有了性别与实体，却缺少灵性，这时，在苇芽中诞生了一对新的神明。男神为淤母陀琉神，是创造面目的神明；女神是妹阿液诃志古泥神，是传输思想的神明，他们就是第六代神明。

至此，土木建筑齐全，生命就可以建房筑屋，定居下来；有了面目，就能够进行交际；有了思想意识，就能够超越现实，使神识通达天地。

天浮桥

第七代神明比以往的神明更加优秀，男神叫伊邪那岐，又称伊奘诺尊；女神叫伊邪那美，又称伊奘冉尊。他们是一对出色的兄妹，面貌姣好，思想活泼，也是此后诸神的主宰，无所不能。伊邪那岐与伊邪那美互相吸引、互相扶持，在他们的努力下，天地和谐，生机盎然。

有了面目与智慧的伊邪那岐与伊邪那美，生活在广阔无际的高天原上。虽有诸神的陪伴，但那些神明要么连形体都没有，要么没有性别与面目，沟通起来十分困难。伊邪那岐与伊邪那美感到非常孤独，在漫长的岁月里，他们过着了无生趣的日子。伊邪那岐和伊邪那美无法忍受，两位神明常常相互倾诉，借此打发时间。

一天，两人一同散步时，漫步到天浮桥上。看着波涛汹涌的大海，两个神明不约而同地诞生了一个奇妙而伟大的想法，他们要在海上建造一片乐土，那里不同于寂寥的高天原，是充满神奇生机的国度。

伊邪那岐与伊邪那美找到了一支矛，这矛有着长长的木柄，并且镶嵌着美玉，被后世称为“天琼矛”。二神合力将天琼矛扎入海中，努力搅动着长矛。海水翻滚得十分厉害，发出轰隆巨响。很久之后，伊邪那美与伊邪那岐一起用力提起天琼矛。海中生出巨大的水柱，盘旋在天琼矛周围。突然水柱顺着天琼矛倒灌下去，在天琼矛的尖端，一些海盐、泥沙等沉淀物慢慢地开始凝聚、堆积。不久，在广阔无边的大海中，一个崭新的岛屿凝结出来，这就是淤能棋吕岛，意为“自行凝固”的岛屿，它是高天原下的第一个岛屿。《古事记》中，仁德天皇曾颂咏和歌，提到这座非凡的岛屿：“离于皇居，立难波岬，遥望国土，可视淡岛，淤能棋岛，望槟榔岛，佐气都岛。”也就是说，传说中的淤能棋吕岛，可能在濑户内海诸岛之中。

二、造神运动：八百万神

伊邪那岐与伊邪那美望着淤能棋吕岛，十分开心，他们从天浮桥上走下来，轻盈地跳到了淤能棋吕岛上，感觉新奇而有趣，同时又非常兴奋。这是神圣的创造，是他们带给世间的第一块土地。为了纪念这次伟大壮举，二神在淤能棋吕岛上立起了一根巨大的圆形柱石，并给这块耸立在岛上的巨石取名为“天之御柱”。

伊邪那岐与伊邪那美在淤能棋吕岛之上，纵情歌舞，欢喜地拥抱在一起。忽然，他们又像触电般快速跳开了。

此时万籁俱寂，有一种难以言说的气息弥漫在这对男神与女神之间。二神呆呆地站在孤岛之上，凝望着彼此的身体。伊邪那美与伊邪那岐的眼中，不约而同地绽放出激荡之情，胸中的欲望之火难以遏制地翻滚沸腾。伊邪那岐好像第一次看到伊邪那美的体态：亭亭玉立，婀娜曼妙。伊邪那美也好似第一次看清伊邪那岐雄壮的身姿：充满阳刚，挺拔健美。

伊邪那岐含情脉脉地问伊邪那美：“我可爱的妹妹，你如此美妙迷人的身姿，是如何长成的？”

伊邪那美被看得有些羞涩，她低声回答：“我亲爱的哥哥，我这美丽的姿色是与生俱来的，即使这样，我还是有点苦恼，不知为何，我的身体上有一处永远也无法愈合的凹陷，使我的身体不够完美。”

伊邪那岐却说：“伊邪那美，你看看我，这副雄健的身体上，也有一处多余的隆起，这个凸出之处，令我十分羞愧与难堪，不知道它有什么用。今天才恍然大悟，原来这都是天意，上天给了我们各具形态的身体，均有着神妙的趣味。我身体的这部分凸起，与你身体的凹陷处相合，如此成为完美体态，岂不妙哉？”伊邪那岐一脸诚恳地望向自己的妹妹。

伊邪那美十分认同：“你这主意甚好。”

这是天作之合，是高天原的神圣旨意，需要有隆重的仪式来与之相配。伊邪那岐与伊邪那美再三商量后说：“伊邪那美啊，我俩不如围绕着天之御柱举行我们的结合仪式，你从右走，我从左走，男左女右，环绕此柱，相遇之后，我们就可以开始结合了。”

苍茫大海碧波万顷，在二神合力创造的淤能棋吕岛上，伊邪那岐与伊邪那美开始了庄严神圣的结合仪式。他们绕着巨大的天之御柱，向相反的方向奔跑，终于迎面相遇。伊邪那美气喘吁吁，欲火无法压抑，于是高声叫着：“伊邪那岐，你真是个伟岸刚健的好男子！”伊邪那岐也欲望勃发，势如奔马，扑向伊邪那美，他赞叹着："伊邪那美，我亲爱的妹妹啊，你是如此出色的女子！"

在这高高耸立的天之御柱下，伊邪那岐与伊邪那美阴阳合璧，终于在天之御柱下结合在了一起。

没过多久，伊邪那美就怀孕生子了。这是一对双胞胎，第一个孩子没有发育完全，是一个天生软骨的水蛭子。而第二个孩子也并不称心如意，性别不详，二神为其取名淡岛。

伊邪那岐与伊邪那美非常难过，他们十分困惑，如此神圣的创造性活动，为何却产生了这么悲凉的后果？他们将水蛭子装入芦苇船，推入茫茫大海，漂向远方。至于淡岛，自然也被遗弃，任其自生自灭。

二神为这件事苦恼了很久，终归还是无解。他们向高天原诸神问询，众神焚烧了朱樱树皮，烘烤鹿的肩胛骨，根据裂痕来占卜，最终得到了上天的启示。

原来，他们的诚心与严谨的仪式都无可厚非，但在仪式中女性先开口说了话，这非常不合规则，触犯了忌讳，遭到了报应。高天原诸神告诫他们要吸取教训，命令他们重新来过。伊邪那岐和伊邪那美从此以后，严格遵循这条规则，不论做什么，都是男先女后，男人主动，女子被动。

伊邪那岐与伊邪那美重新开始绕着天之御柱奔走。在这次相遇之时，伊邪那岐先开口了："美丽聪慧的伊邪那美，请你做我的妻子。"伊邪那美回答他："勇敢伟大的伊邪那岐，只有你才配得上我。"两位神明再次进行了神圣的夫妻行为，这次结合后效果很好，顺利产子。后来伊邪那美生下了八个称心如意的子女，这些孩子后来成了日本各地的国土，他们就是八大洲，也称八大岛国。

首先是大日本丰秋津洲（奈良县），其意为"上天保佑五谷丰登的大和国"。然后是伊予之二名洲（四国岛）。此后是筑紫洲（福冈县）、隐岐洲（隐岐岛）、佐渡洲（新潟县）、越洲（日本西部地区）、大洲（山口县的屋代岛）、吉备子洲（冈山县的儿岛半岛）。这八大洲都是伊邪那岐和伊邪那美所生的神国。

自八大洲诞生后，伊邪那岐与伊邪那美开始了幸福美满的生活，他们在高天原上眺望自己的儿女们，心满意足，但同时又有些替他们担忧，怕他们的生活单调乏味，没有情调，也怕土地贫瘠无法很好地养育儿女。二神再次进行创造，他们造出高山丘陵、湖泊河流，再添置花草树木，使大地生机勃勃，绿意盎然。此后，两位神明又生育了其他神祇，为天地设立秩序，为万物拟定规则。

最初诞生的是家宅六神，他们都是与居住有关的神明。先有了石头与泥土之神石土毗古和石巢比卖，他们提供建筑房屋的材料地基。然后又生下了门板之神大户日别、屋顶之神天之吹男、构造房屋之神大屋毗古，以及防范风灾、保护房屋的风木津别之忍男神。

之后诞生的是海神大绵津见与河神速秋津日子、速秋津比卖。在父母之命下，海神与河神又联姻生下了八位神明。其中，沫那美使大海与河川汹涌激荡，浪涛起伏，沫那艺则负责平息大海与河川的风浪。水利神天之水分在天空管理灌溉用水，国之水分管理地上的水利灌溉。水利神天之久比奢与国之久比奢在干旱之时，教会人们获取水源来拯救大地，顽强地生存下去。水泡神颊那艺与颊那美负责照顾江河湖海中的生命，为它们提供气息与食粮。

在山川中有树神久久能智，掌管植物的茁壮成长，枝叶长青。山神大山津见是山中精灵和万物的管理者。平原神名为野椎神，又名鹿屋野比卖，是所有平原的主宰者。伊邪那岐与伊邪那美又让山神与平原神结合，生下了八位新的神明。

首先是掌管山坡路的天之狭土和国之狭土，他们为人们修筑通往深山峻岭的道路，使人们能从深山中获得生存所需的东西。

天之狭雾神与国之狭雾神，负责将山地与平原一分为二——人们从此有了农耕与狩猎两种生存模式。

天之暗户与国之暗户负责管理山中的溪谷，守护着大山中的峡谷与山溪。

大户惑子和大户惑女是一对方向神，帮助人们在山谷中找到方向。

此时世间终于诞生了一位非自然神明，他就是鸟之石楠船神，也就是传说中的天鸟船，这是一艘可以凌空飞起的神船，他能载着地上诸神，去平定世界上诸多事端。

还有一位非自然神名为大宜都比卖，她是一位女神，为人类提供各种食物。

从此，伊邪那岐与伊邪那美创造的世界里，天上有日月星，地下有水、火、风，还有高山平原。人们有了房屋和食物，能够沿着山路进入深山，驾着船舶纵横沧海，一个崭新而又丰富多彩的世界已经开始运行了。

体贴的父神与母神又想让子女们过得更加舒适，他们希望房屋能够在冬天也温暖起来，让人们能吃到煮熟的食物，让夜晚也有光芒。由此降临的是带着光芒而来的神明，他就是火之迦具土神，又称“火之夜艺速男神”，他具有无边威力，带着熊熊烈火，降生世间，为世间烘烤食物，提供温暖。

这些神明相互联姻，繁衍后代，生生不息，最终造就了大量的神明，再加上各种方式新诞生的神明，形成了日本的“八百万神”。到了后来，神明的出现更加随意，只要能够受人崇拜，得人香火，便可被尊为神明。各种各样的神明开始在日本安家落户，在不同时代各领风骚，演绎着各自的神话故事。

三、从碧落到黄泉：由爱生恨的天神

火之迦具土神出生的时候浑身带着火焰，烧伤了伊邪那美的身体。女神重伤不愈死去了。伊邪那美临死前的呕吐物生成了矿石神，名为金山昆古和金山昆卖；她因痛苦而腹泻出的粪便，变成了肥料神，名为波尔夜须昆古和波迩夜须昆卖；她的尿生成了另一种肥料神，名为弥都波能卖与和久产巢日神。这两位神明结合，生出了农作物之神，名为丰宇气毗卖。

美丽的女神伊邪那美去世后，伊邪那岐痛哭失声，他失去了最爱的妻子，却没有任何办法，只能哭诉衷肠：“我亲爱的妻子，你怎么能用自己的性命换这个孩子呢？这不值得。”

虽然如此悲伤，伊邪那岐仍旧不忘造神。他的泪水变成了哭神——泣泽女神。这位女神此后隐居在香具山亩尾的木本。伊邪那岐无法唤醒死去的妻子，心灰意冷，带着已经没有了气息的伊邪那美，来到了出云国和伯伎国之间，将伊邪那美埋葬在了比婆之山上。

离开了心爱的伊邪那美，伊邪那岐心中的悲痛无以复加，他寻根溯源，由悲转怒。造成伊邪那美死亡的直接原因是烧伤她的火神迦具土。尽管火神的火是其天性，但被愤怒冲昏头脑的伊邪那岐无处发泄，他拔出了十拳剑，走向他和伊邪那美刚出生的儿子火之迦具土神。

“虽然你是我和伊邪那美的孩子，但是你害死了你的母亲、我的妻子，你的罪孽不可饶恕！”伊邪那岐挥舞十拳剑，劈向火神。无辜的火神并没有抵抗之力，当场被父亲杀死，他血溅三尺，这些血随即变成了新的神石拆神、暗御津羽神等八神，他的尸身又变成了正鹿山津见神、户山津见神等八神。

然而，即使杀死火神，也无法再回到从前。伊邪那岐日夜思念着伊邪那美，他下定决心，要去黄泉国寻找他美丽温柔的妻子。

伊邪那岐来到黄泉国的大殿门前，竟看到妻子伊邪那美开门相迎。伊邪那岐激动万分，他想带妻子回家，于是和妻子商量：“伊邪那美，我们共同创造的国土还没有完成，请你跟我回家。”

伊邪那美也很想家，想她的丈夫和孩子，但她回不去了，阴阳相隔，人鬼殊途，即使是神，死后也要受到规则的约束。

伊邪那美对伊邪那岐说：“真是太可惜了，伊邪那岐，你来晚了一步，但我已经吃了黄泉的食物，难以返回阳间。你如此爱我，还追到黄泉国来寻我，我很感动，然而，我现在受黄泉之神的管辖，需要黄泉之神的许可才能离开。所以请你在门前等我，在这期间千万不要进去找我。”

伊邪那美说完，就回到殿里，再没有出来。

伊邪那岐等了很久，这么长时间，在这幽暗的黄泉，伊邪那美究竟和黄泉之神说了什么？黄泉之神同意她回家了吗？还是她没有得到黄泉之神的许可，触怒了黄泉之神？伊邪那美不会是出事了吧？或者，伊邪那美根本就是在骗他，她并不想回到自己的身边？

伊邪那岐心如油煎，虽然记得伊邪那美的叮嘱，但是他实在等得太久，害怕发生什么变故，于是他取下了左发鬓上的多齿木梳，点燃一根梳齿，照亮了黄泉之路，进入黄泉国度。他终于看到了他所牵挂的伊邪那美，然而，眼前的一幕让他又惊又惧：伊邪那美赤裸裸地躺在黄泉大殿中，身上爬满蛆虫，这些虫子在啃食伊邪那美的身体。大雷、伏雷等八个雷神也附在伊邪那美身上，情形十分诡异可怖。伊邪那岐不敢相信自己的眼睛，那个美丽贤惠的妻子，竟然变成了这种龌龊肮脏、不堪入目的样子，这让他实在无法接受。

伊邪那岐退缩了，他不顾妻子的心情转身就走，逃跑一样离开了黄泉国，曾经想带着妻子一起回家的执念已经烟消云散。伊邪那美已经不再是他所爱的那个女人了，她变成了丑陋的怪物。伊邪那岐抛弃了他的妻子，落荒而逃。

伊邪那美为了与伊邪那岐一同回家，饱受了诸般痛苦，然而伊邪那岐违背了约定，他那种嫌弃的目光，让伊邪那美羞愤交加。伊邪那岐的决然离去，让伊邪那美备受打击，被丈夫抛弃的怒火使她对伊邪那岐的爱意全部变作恨意。

伊邪那美派出黄泉巫女追赶伊邪那岐。仓皇中伊邪那岐取下头上的黑发饰丢到了地上，黑发饰落地生根，瞬间长成葡萄藤，生出多汁甜美的野葡萄。生长在黄泉国的巫女从未见过这般美食，放弃了追赶伊邪那岐，在葡萄藤下痛快地摘吃起了葡萄，使得伊邪那岐趁机逃走。

黄泉巫女的追捕失败了，伊邪那美又派出八大雷神，率领着 1500 名黄泉大军，追赶伊邪那岐。伊邪那岐挥舞着十拳剑，将黄泉军和八雷神打得落花流水。伊邪那岐且战且退，终于到了黄泉国与苇原中国的边界比良坂。

黄泉军再次追来，伊邪那岐又一次施展神术，从比良坂的桃树上摘下三枚桃子，用桃子猛砸黄泉军。桃子带着辟邪的神性，是黄泉军的克星。黄泉军见到砸来的桃子，慌忙逃窜，最终撤军。伊邪那岐十分感激桃子："你刚刚救了我，我封你为大仙桃神，今后，如果苇原中国的众生遇到了苦难，你也要像刚才一样拯救他们。"

伊邪那美见黄泉军大败而归，只好御驾亲征，伊邪那岐则在黄泉比良坂立起了千引石。隔着千引石，这对昔日的恩爱夫妻相望而立，彼此之间却再没有爱，只有相互之间无穷无尽的恨意。伊邪那美咬牙切齿："伊邪那岐，你对我如此绝情，我不会放过你，即使无法杀掉你，我也会每天杀死上千苇原中国的人。我要让你尝尝背叛我的苦果。"伊邪那岐却凛然不惧："伊邪那美，我的妻子，如果你这么对我和我的国人，我就要每天造就 1500 个新生婴儿，以延续我的国度。"

从此，父神与母神夫妻二人阴阳永隔，势不两立。伊邪那岐在苇原中国统治生者，伊邪那美在黄泉国管辖死者，又称黄泉津大神。黄泉比良坂，就是夫妻二人最后的决裂之处，那块巨大的千引石，也成了神，名为道反大神，又名"塞坐黄泉户大神”。

从黄泉归来，伊邪那岐非常悲伤，决心和这段不堪回首的往事告别，开始新的生活，于是他进行了一番仪式，要洗掉在黄泉国沾染到身上的污秽之气。伊邪那岐来到了筑紫日向国桔小门的阿坡岐原，进行了此世的第一次行禊，以水洁净身体，去除秽厄。现代的日本人去神社参拜时，先用水洗手漱口，便是源自这一最初的行禊。洗浴需要脱掉身上的衣服饰物，在这一过程中，伊邪那岐又生出了诸多神明。他丢下的手杖，变成了陆地上的引路神，名为冲立船户。他解开的衣带变成了护佑出行者旅途平安的神明，名为道之长乳齿神。他脱下的衣裳变成了时辰神，名为时量师，为人们确定旅途行止的吉日佳期，以避免灾祸，带来好运。伊邪那岐脱下的华丽外套，变成了解忧神，名为“豆良比能宇斯能”，为人们驱散旅途中的烦恼与忧思。伊邪那岐的裤子变成守路神，名为道俣，专为旅人消灾解难。他的冠饰变成了饱咋之宇斯能神，为旅人消除旅途疲劳，让其重整旗鼓。伊邪那岐左手的玉串，散落在地，变成三位海路神，他们是奥疏神、奥津那艺佐毗古神和奥津甲斐辨罗神，他们在广阔的深海标明航路，使人们能避开暗礁险情，平安出海。他右手的玉串也变成另外三位海路神，他们分别是边疏神、边津那艺佐毗古神和边津甲斐辨罗神，他们在近海海域为渔民们指明方向，使渔民避开风浪海啸并获得丰收。

由于要洗浴的河流上游湍急，下游又太缓慢，都不适合洗浴，伊邪那岐来到了河流的中游，进入河水中，开始沐浴。

伊邪那岐身上洗下来的污秽之物变成两位神明，名为八十祸津日和大祸津日，他们是伊邪那岐从黄泉带回来的秽物，这两位神明，造成了后世诸多的灾难与瘟疫。

第二次洗涤身体，伊邪那岐造就了三位神明，名为神直毗神、大直毗神和伊豆能卖神，他们是伊邪那岐被黄泉军追杀时沾染的秽物，这三位神明是后世所有不幸与苦难的根源。

涤净所有秽物，伊邪那岐身心舒泰，畅游于河水之中。他钻入河底，由此而诞生了两位水底水产神，名为底津绵津见与底筒之男命。伊邪那岐上升到水中层，由此生出两位鱼神，名为中津绵津见和中筒之男命。伊邪那岐浮出水面，生出了水面水产神，名为上津绵津见和上筒之男命。

“绵津见”是“大海”的古语，三位绵津见神是后世的航海、渔业之神。“筒之男”是猎户座的三颗明星，可以作为暗夜航海的标识，三个筒之男命成为后世的海上保护神，是水手所尊奉信仰的海洋守护神。

洗净了身躯，伊邪那岐开始洗刷面部。他清洗左眼，生成了天照大神[①]；清洗右眼，生成了月读命[②]；清洗鼻子，生出了素盏鸣尊[③]，又称“须佐之男”。这三位神明得到伊邪那岐的重视与宠爱，后世将这三位身份极其尊贵的神明合称为“三贵子”。

---

① 天照大神：或称“天照大御神”，是高天原的统治者与太阳的神格化，被奉为日本天皇的始祖，也是神道教最高神。

② 月读命：别称“月夜见”，是掌管黑夜的神明。

③ 素盏鸣尊：又名“须佐之男”，负责治理海洋。

第二章
天津神

一、三贵子

“三贵子”是伊邪那岐最钟爱的三个孩子，他们分别是天照大神、月读命与素盏鸣尊。

天照大神是太阳神，她诞生之时，瑞彩千条，光华夺目，辉芒耀天，令伊邪那岐十分欣喜。他从未见过如此具有灵性的孩子，天生尊贵，精气十足。伊邪那岐认为这孩子日后一定能够成为天地的主宰，他让天照大神沿天之御柱向上飞升，穿越云海，渡过天浮桥，达到缥缈空灵的高天原。天照大神将成为未来高天原的万神之神，是万能的天空之主，也是后世天皇的祖先。

月读命为月亮女神，又被人唤作月弓尊、夜见尊、月读尊。她秀美而清冷，十分腼腆，伊邪那岐喜爱她的忍让与谦卑。天照大神光照大地的白昼之时，月亮神隐去自己的辉芒，将天下让与日神。夜晚降临，天照大神收回日光，开始休息的时候，月亮神在黑暗中展现皎洁容颜，驱散天地间的暗影与恐惧，成为夜之国的主宰。

素盏鸣尊是天照大神与月读命的弟弟，也是三贵子中唯一的男神。这位男

天照大神

天照大神是伊邪纳岐最宠爱的孩子，她是一位光彩夺目的女神，为世间带来光明与希望，将高天原治理得和平安乐。她喜欢种植植物，养蚕织布，饲养小动物，并让子孙将这些技艺带到人间，传授给苇原中国的人。

神有着强壮的身体，十分彪悍，好斗而顽皮。素盏鸣尊出生后知道两个姐姐得父亲宠爱，就哭闹不休，想要吸引伊邪那岐的注意，与姐姐们争宠。

伊邪那岐见这孩子如此好胜，十分担心他会扰乱高天原的宁静与和谐，就命他降临下界，统治海洋与陆地。

伊邪那美的去世让人悲伤，但天照大神与月读命都恪守本分，努力治理好自己的管辖之地，只有素盏鸣尊不同。因为思念母亲，这孩子不停地哭泣，哭声带着杀伤力，吓死了凡间很多人——他一哭，全世界的人都为之战栗，就连花草树木都瞬间枯萎。伊邪那岐心想既然如此就如他所愿，于是贬他去了根国，也就是黄泉之国。

然后，伊邪那岐就归隐了，去了多贺（今滋贺县）犬上郡的敦贺，再也没有回来。

凭什么两个姐姐都在天上，只有他一个孤零零流落地下？素盏鸣尊不服安排，要去高天原找姐姐天照大神。在素盏鸣尊向高天原上升的时候，他的力量显现出来，大地与海洋都为之震动，波涛汹涌，发出震天的响声。

高天原诸神都被惊动了。虽然天照大神是一位十分温和的神明，但她看到弟弟这气势，知道来者不善，免不了要有一番争斗。于是，她解开发结，盘成角发，两边饰以琼玉，做男人装束，戴上父亲送给她的玉串，然后背上弓箭，手执宝剑，全副武装，严阵以待。

素盏鸣尊原本只是想来看望姐姐，没想到被当成了入侵者。他只好向天照大神解释，自己只是想念母亲，却被父亲所厌弃，于是想来与姐姐告个别，再去黄泉国找母亲，并没有任何阴谋与企图。

天照大神半信半疑，这个一向惹祸的弟弟让她十分头疼。这小子性格乖张暴戾，在天上地下都是出了名的。

素盏鸣尊见姐姐依旧不肯相信自己，也有点生气："既然你不相信我，那么我们不妨对天盟誓，让苍天来裁决是非。"

这就是著名的天安河盟誓。

天安河又称为银河，天照大神与素盏鸣尊站在天安河两侧，开始盟誓。

“我们在这天安河之上，对天发誓，誓言将会化作神子，如果出生的是女孩子，说明我没有不良居心；如果出生的是男孩，证明我心怀不轨。”

盟誓后，天照大神拿过素盏鸣尊的十拳剑，折为三段，断剑被投入天之真名井中，洗净后，天照大神将三段宝剑丢入口中嚼碎，吐出三位神明。这是三个美丽的女孩，她们都是素盏鸣尊的女儿，是三位女海神，多纪里比卖命是缥缈的海岛女神，市寸岛比卖命是码头与港口女神，多岐都比卖命是湍急的险滩女神。

素盏鸣尊拿过天照大神所佩戴的三块玉饰和两个玉串，放入天之真名深井中，洗净后丢入口中嚼碎，并向天祷祝，生出了五位神明。他们是天照大神的儿子，分别是正胜胜速日天忍穗命、天之菩卑能命、天津日子根命、活津日子根命和熊野久须毗命，他们都是活泼健壮的男孩，掌控着阳光、温暖与烈火。

这样的盟誓结果，让素盏鸣尊十分兴奋，他的剑变成女孩，说明他心思清白真诚，没有敌意，天照大神的玉饰和玉串却变为男孩，有刀兵之意。

天照大神看到这个结果，也有点羞愧，知道误解了弟弟。她让三位新生的女神去筑紫岛，分别掌管奥津宫、中津宫和边津宫，她们后来成为筑紫岛著名氏族所供奉的三尊大神。天照大神又让五位新生的男神去凡间，他们繁衍后代，在各国留下了一代又一代的后裔，也成为这些地区所供奉的祖先神。

素盏鸣尊在胜过天照大神后，住在了高天原。然而，他原本就性情古怪暴躁，再加上刚回高天原时被姐姐怀疑，觉得委屈而郁闷，就想办法胡闹以发泄心中不满。此外，他认为盟誓时能够顺利取胜，也是由于老天眷顾，说明自己是得到天意宠爱的，越发骄纵。因此，在高天原没住多久，他就原形毕露，又开始惹祸了。

高天原有良田千亩，碧绿的原野一望无际，景色宜人。素盏鸣尊却在田地中纵情奔跑，将田中的水渠与沟壑踩得一塌糊涂，田中的庄稼也被踩得东倒西歪，损失惨重。

每年丰收时节，高天原要举行祭祀，天照大神率领众神在神圣的祭坛品尝新丰收的稻谷。然而素盏鸣尊大喊大叫，踢翻所有祭品与容器，之后又脱下裤子，在祭器上拉屎撒尿。

高天原诸神忍无可忍，纷纷跑到天照大神面前告状，要求她严惩暴徒，将素盏鸣尊逐出高天原。

然而，对于自己这个唯一的弟弟，天照大神却十分容忍。一则是因为他年幼失去父母，十分可怜，另外，当初素盏鸣尊刚上高天原的时候，天照大神觉得自己确实错怪了他，内心愧疚，在诸神的指责中，天照大神依旧袒护弟弟，说他去农田只是为了重新划分土地，减少浪费，这说明他非常爱惜土地。至于在祭坛上拉屎撒尿，撒泼胡闹，只是因为他酒后失态而已，那些污秽之物，也只是酒后呕吐的东西。日本人向来对饮酒后的失态与恶行是相当宽容的，但是天照大神这么说，只是为了给素盏鸣尊找借口。这赤裸裸的袒护，让高天原诸神哑口无言，他们很无奈，既然天照大神都为素盏鸣尊开脱，那就只能顺其自然，不再理会此事，只是每位神明都惴惴不安，生怕这小子再惹出什么祸来。

素盏鸣尊看到天照大神如此退让，却觉得这个姐姐心虚了，实在懦弱可欺，他更加肆无忌惮，胡闹程度再度升级。

天照大神平时喜欢饲养动物，她养了一匹天斑马，这马喂养得十分精壮，毛色也异常美丽，是天照大神的爱宠。此外，天照大神也喜欢华丽的衣服，经常向其他神明敬献神衣，因此，她专门有一个织布厂，很多织女在里面织布。天照大神自己也很喜欢做手工，白天的政务处理完毕后，她就会来与织女们一起织布，放松心情。

素盏鸣尊得知这两个信息，以为掌握了天照大神的弱点。他跑到马厩，用十拳剑斩杀了天斑马，并逆剥下马皮，原本美丽健壮的天斑马，立刻鲜血淋漓，一命呜呼。然后，趁着天照大神在机房与织女们共同织布的时候，素盏鸣尊扛着剥了皮的天斑马，跑到机房房顶，掀开瓦片，将鲜血淋漓的天斑马丢了下去。

天斑马轰然从天而降，机房内立刻血光四溅。天照大神与织女们都吓傻了。一台织布机上的梭子被马尸撞飞，直接扎死了一个织女。

素盏鸣尊如此胡闹，最终导致他与天照大神关系的破裂。

二、天照大神的隐与现

素盏鸣尊的所作所为让天照大神既失望又羞愧，她感觉无颜面对高天原诸神，同时又有些畏惧，怕素盏鸣尊再做出什么出格的事情，危害到自己。而此时的素盏鸣尊更加肆无忌惮，他的胡闹已经超过了孩子淘气的程度，简直可以用邪恶来形容。

天照大神气愤而痛苦，她原本爱着这个弟弟，现在却十分憎恶他，再也不想见到他。对于她对素盏鸣尊之事的处理方式，高天原诸神也颇多非议，这让天照大神十分下不来台。左右为难之际，天照大神逃到了天之岩户，躲进了石屋里，不想出来。

没有了天照大神的光芒普照，高天原陷入一片漆黑，高天原之下，陆地与海洋也陷入永夜的状态，无论是人还是神，都只能在黑暗中生活。

没有了天照大神的束缚与监管，素盏鸣尊如脱缰野马，在天地间肆意逞凶。他所过之处，无论是高天原还是人间，都妖风四起，鬼怪横行，战争瘟疫与水旱大灾交替。

由于素盏鸣尊勇武强悍，残暴狡诈，所有神明都拿他没辙，只有天照大神能够管教与惩治他。于是，为了使漆黑的世界恢复光明，驱散邪恶与灾难，八百万神明齐聚于天安河边，举行降魔大会，想办法解决问题。

智慧天神思金神提议，要想制服狂乱之神素盏鸣尊，只有让天照大神亲自出马。智慧天神思金神是高御产巢日神之子，当年伊邪那岐与伊邪那美第一次婚礼失败后，高御产巢日神曾为他们提供正确的建议，使他们诞生下健康而高贵的后代神明。

天照大神这时正躲在天之岩户不肯出来，所以，思金神这个降魔方案的关键，就是要使隐居的天照大神重现高天原。

高天原上，有一只专门报时的长尾神鸡，思金神将它找来，带到天之岩户前，从早晨到晚上，每天不停地打鸣，叫声让天之岩户分外喧嚣。

接着，高天原诸神又按照思金神的吩咐，找到了锻造技艺精湛的冶炼之神从天安河畔取来冶炼用的天坚石，开采天金山的矿石。材料与人员配备齐全，就叮叮当当地开工了。冶炼神伊斯许理度卖命在思金神的指示下，打开冶炼的火炉。最后，一面明澈可鉴、光芒夺目的八尺铜镜被锻造出来。与此同时，思金神又让玉神玉祖命开采高天原上碧绿温润的优质美玉，制成了精美绝伦的八尺琼勾玉串。

当然，这次行动也要得到天意的认可。于是，思金神请来占卜神天儿屋命，取来天香山的特产——公鹿的肩胛骨与朱樱树的树皮，将它们烧出龟裂的纹路，以占卜神意，进行祝祷与祈福。

八百万神都被动员起来，参加这次活动。他们将天香山上的神树真贤树连根拔除，运到天之岩户前，在繁茂的树枝上，将美丽的八尺琼勾玉串挂在真贤树的枝头，将金光闪闪的八咫铜镜挂在粗壮的树枝上，又在下面的树枝上挂满黑白相间的神幡，这棵真贤树，立刻变得华丽而耀眼，迎风招展，璀璨夺目。

这些工作准备停当，天儿屋命就开始按照计划，根据烧裂的鹿肩胛骨和朱樱树皮，来解读天意寄托的卦辞。高天原上的诸神顶礼膜拜，静静聆听，整个场面十分盛大庄严。

与此同时，大力神天手力男早已按照思金神的命令，潜伏在天之岩户石门旁的暗处，他屏息凝神，等待关键时刻的到来。

天宇受卖命是一位十分古怪的女神，她将鬓饰扎起，头上乱糟糟地缠满天香山的藤蔓枝条，又带来一只大木桶把衣袖撸起使用蛮力将大木桶倒过来，然后天宇受卖命自己跳到大木桶上，发出“腾”的一声，双脚踏着木桶底，疯狂地舞蹈起来，光脚踩在木桶上，犹如敲响一面大鼓，整个高天原都在鼓声中震颤。她越跳越急，恣意展现出各种神态，扒开自己的衣服，裸露身体，以戏谑荒诞的舞姿，尽展狂态。八百万众神都被她的舞蹈所感染，发出此起彼伏的哄笑声。高天原喧闹无比，从来没有这么热闹过。

天照大神原本在天之岩户里静静地反思着，她虽然不肯见人，但并非不再关心高天原与凡间，只是一时气愤，过后又不知该如何去面对，所以暂时躲避起来。天之岩户门外那喧闹欢笑的声浪让她无法再置之不理，天照大神将门打开一条缝，看到了天宇受那十分淫邪的舞蹈，而她曾经统率的八百万神，都在一旁起哄叫好，一点都没有个神样儿。

天照大神一时间被气晕了，她自从隐居天之岩户后，反复思量，本以为自己不在高天原，整个世界一定是一片漆黑与混乱，充满忧愁与恐惧。那些先前非

天之岩户

素盏鸣尊大闹高天原后，天照大神躲进了天之岩户，高天原一片黑暗。为了让天照大神从天之岩户中出来，思金神让诸神立起真贤树，在上面挂起了八咫镜和勾玉串，长尾公鸡从早到晚鸣叫，天宇受卖命疯狂跳舞。天之岩户前上演大戏，好奇的天照大神终于探出头来看热闹。

议她袒护素盏鸣尊的诸神，现在本应该十分惶恐，为了驱散黑暗，百般恳求天照大神去为他们撒播光明。现在看来，没了自己这位太阳女神，他们竟然如此喜悦。

天照大神怒从心头起，厉声喝道："你们在做什么？我不过是想在此处图个清静，你们就如此胡闹！"

天宇受卖命依然舞蹈个不停，边跳边阴阳怪气地回答天照大神："天照大神，我们崇高的女神，在你离开我们躲进天之岩户的这段日子里，高天原来了一位更崇高的神灵，他比你更有能力，比你更加尊贵，比你更加受人拥戴，我们八百万众神都非常欢喜，正在迎接这位神明，举行欢迎典礼！"

此时，占卜神天儿屋命举起了那棵异常招摇的真贤神树，树上挂着巨大的八咫神镜，遇到天照大神的光，瞬间光芒万丈，晃得天照大神眯起眼睛。树上黑白相间的神幡飘荡摇摆，让天照大神看不清真相，而树上挂着的晶莹透亮的八尺勾玉串，闪闪发光，让天照大神心中不悦。她不相信有人能取代自己的位置，也不信有人比自己更强大，但这仪式如此盛大，她也十分不安。她想看清那树上挂的是什么，想知道这位新神到底长的什么样子。不知不觉地，天照大神把门打开了一条缝，把手伸出来搭在了天之岩户。

这时，潜伏在石屋门旁边的大力神天手力男，看准机会抓住了天照大神的手臂，用尽力气强硬地将她拉了出来。一同潜伏的幡旌神布刀玉命也冲上来，他将一根挂着稻穗的注连绳，横挂在天之岩户前，形成空间结界。这样，天照大神就再也无法躲回天之岩户。

天照大神一出现，就释放了所有的光芒。

高天原上，光明再度普照，凡间大地，黑暗被驱散，万物沐浴在阳光之下。

三、素盏鸣尊的过与功

狂暴之神素盏鸣尊在高天原闯下大祸，八百万神都十分愤怒。这次，回归高天原的天照大神也没有理由袒护弟弟了。于是，高天原开始了对素盏鸣尊的惩罚。

首先是物质上的惩罚，由于素盏鸣尊污秽了祭坛，并且糟蹋了向天献祭的稻谷，损毁了献给众神的织锦，众神罚他承担祭祀用的众多祭品。这事对于素盏鸣尊来说是举手之劳，他很爽快地答应了。

然而，诸神还要对素盏鸣尊上刑罚：剃掉他的胡须，拔掉他的手指甲和脚指甲。没了胡子，虽然会让他不像从前那般威武，但还可以忍受，只是十指连心，拔掉指甲，对于他这个天之贵子来说，实在是难以忍受。在高天原众神的威压下，素盏鸣尊只有忍了，因为姐姐天照大神再也不会袒护他了。

素盏鸣尊在受到处罚后，被众神赶出了高天原。他万分屈辱，疼痛难忍，孑然一身，流落凡间，走到哪里，都被地上的诸神排斥，十分凄惨。

这一天，素盏鸣尊来到了淝河上游一个叫鸟发的地方。这里十分安静，景色也非常美丽，但是周围荒无人烟，没有落脚之处。他是天之贵子，虽然依靠神力，伤口迅速愈合，但心伤难愈。本想投奔姐姐，赖在高天原，但因为自己性格暴躁，不容于神族，今后又该何去何从？

素盏鸣尊蹲在河边看着湍急的河水，他思考着自己的前路，这时河流中漂来一根筷子。素盏鸣尊意识到这是上游流下来的，那里一定有人居住。他沿河上溯，终于看到了人：

那是三个抱在一起哭泣的人。走近一看，原来是一对老夫妻和一个年轻姑娘。

素盏鸣尊十分好奇，询问他们为什么在这里抱头痛哭。

原来这老翁是山神大山津见神的儿子足名椎，是这片土地的国神，他与老妻手名椎有八个美貌的女儿，原本过着幸福快乐的日子。忽然有一天，本地来了一个妖怪，名为八岐大蛇，这是一个凶狠残暴的恶魔，专门吃年轻的少女，每年吃一个。到今年为止，八岐大蛇已经吃掉了足名椎的七个女儿。如今又到了八岐大蛇进食的时节，足名椎只剩下最小的女儿，名为奇稻田姬，老夫妻舍不得这个女儿，走投无路，这才与女儿一起恸哭。

素盏鸣尊听得火冒三丈，他虽然性子火暴，天生顽劣，但本心不坏，也有恻隐之心，看到国人被妖怪如此欺负，就想伸张正义，但他又怕自己的暴脾气吓坏老夫妻，只能强压怒火，耐着性子询问八岐大蛇的情况。

据老人说，八岐大蛇长相非常骇人，它长着八头八尾，眼睛如山中的红果，

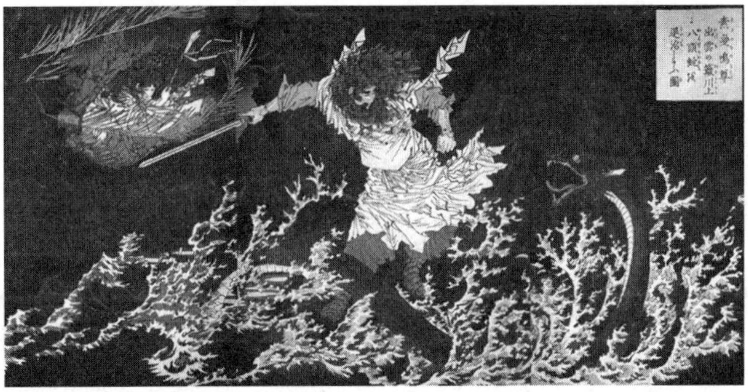

素盏鸣尊斩八岐大蛇

素盏鸣尊，灌醉了八岐大蛇，用十拳剑斩断了它的头尾，得到草雉宝剑。八岐大蛇使素盏鸣尊一战成名，他不再是高天原那个只会捣蛋的淘气弟弟，从此成为保护世人的英雄，是一位受人尊敬的神明。

不分昼夜地闪着红光。八岐大蛇的身体非常庞大，能够填满八个峡谷与山峰，身上还长满各种树木与青苔，它的肚子里鲜血涌动，皮肉外翻，散发着浓烈的腥臭味。

素盏鸣尊听到这里，已经决意除掉这个为祸民间的妖怪。他看到奇稻田姬躲在父母身后，正用她美丽的眼睛偷偷地打量着自己。素盏鸣尊看着奇稻田姬俏丽的身影，忽然心生爱慕。

他告诉足名椎，自己是创世神伊邪纳岐之子，是高天原的天照大神的弟弟，他说到这里，忽然有点脸红，想到当年的胡作非为，非常后悔。而奇稻田姬却十分倾慕地看着这个年轻人，显然心生好感。

素盏鸣尊允诺二位老人，自己一定会杀掉八岐大蛇，保护他们最后一个女儿，只是有个条件，他希望奇稻田姬能嫁给他。

足名椎与手名椎知道素盏鸣尊的身份后，本来就已经肃然起敬，自然欣然答应了他提出的条件。

就这样，素盏鸣尊开始了除妖的准备工作。

他首先使用变化之术，将奇稻田姬变成了一把小巧精美的木梳，插在自己的头发上，这样做，是为了保护她不受八岐大蛇的伤害。此后，他又请老夫妻造了八大坛烈酒，这酒经过八蒸八酿，香味四溢，甘醇无比却又后劲儿十足。

老夫妻又在他的授意下筑起围墙，围墙上有八个洞，洞口内有八个酒槽，每个酒槽中都倒满浓烈的八酿酒。做完这一切，素盏鸣尊让两位老人躲起来，而他守在此处，静候八岐大蛇的来临。

八岐大蛇如约而至，却没有看到美貌少女，只看到一个奇怪的围墙，但是它闻到了浓浓的酒香，便兴高采烈地进入围墙，八个头分别伸入八个洞中，畅饮着浓烈的美酒。

烈酒很快醉倒了它，八岐大蛇呼呼大睡。

素盏鸣尊抓住时机，拔出父亲伊邪纳岐给他的十拳剑[①]，朝八岐大蛇砍去。

① 十拳剑虽在前面已被绞为粉碎，但神话里总是会有不可思议的事发生，很可惜关于这个部分的说明几乎没有记载。后来登场的这一把是不是另外一把剑呢？又或是神剑后来复活？至今仍众说纷纭。

他斩断了八岐大蛇的八个头，当他斩断蛇尾的时候，十拳剑竟然被崩开，金星四溅，像是砍到了异常坚硬的东西。

素盏鸣尊用十拳剑拨开蛇尾，看到里面有一把锋利又光洁的宝剑。这把宝剑切金断玉、削铁如泥，同时又光华夺目，是把有神性的剑。

欣喜异常的素盏鸣尊首先想到的是在高天原上屡次袒护自己的姐姐。他即刻捧着宝剑，飞升上高天原，将这柄神剑奉献给了天照大神。这柄宝剑被命名为天从云剑，又名草雉剑，后世将它供奉在苇原中国的神社中祭祀。

经此一役，素盏鸣尊得到了高天原诸神的认可，他已经不再是昔日那个四处闯祸的年轻人了，他斩妖除魔，守护人间，建功立业，已经成为天上地下出类拔萃的英雄。

杀了八岐大蛇的素盏鸣尊，带着美丽的新婚妻子奇稻田姬，云游出云国各地，想找一处风水宝地建造宫殿。他们来到了须贺，这里原野葱茏，天空蔚蓝，云淡风轻，景色宜人，素盏鸣尊夫妻二人十分喜爱此处。而此处恰好没有其他神明管辖，于是，素盏鸣尊征得妻子同意，在此处建造宫殿。

宫殿开工伊始，忽然有一朵紫红色的彩云从此地缓缓升空，这彩云无比瑰丽，光华漫天，渐渐升到碧蓝的高空，久久不肯散去。于是素盏鸣尊将此地命名为“出云国”。为了庆祝建宫立国，素盏鸣尊还为妻子奇稻田姬作了诗：“出云国现八重云，与君共做八重宫，呜呼壮哉。”随后，他又请来足名椎与手名椎，拜托足名椎管理须贺神宫，后世尊称足名椎为稻田宫主的八耳神。

宫殿建成后，素盏鸣尊欣欣然登高远望，巡视自己的国土，却发现出云国原来只是狭长的一块领土。素盏鸣尊觉得国土太小了，于是他开始想办法扩张国土。

首先，他看中了朝鲜半岛的南端，便拿了把大锄头，用力将那角土地砍断，然后用随身携带的三条绳索，将那块土地套住，拉过来与出云国土并在了一起，又潜入水下，用树桩将国土钉牢。

素盏鸣尊并不满足，不久又看中了隐岐岛，用同样的办法将隐岐岛也并入出云国。领土终于扩大了，但这些新的领土由于此前没有神明眷顾，异常荒凉贫瘠，都是些不毛之地。

素盏鸣尊从朝鲜找到金山银山，将财富运回出云国，此后，他开始营造自己的领土。他的胡子变成了杉树，胸毛变成了桧树，腰间的体毛变成了松树，他的眉毛变成了楠树。不久，崭新的出云国，树木繁盛，郁郁葱葱，成了丰饶之地。

在这片国土上，素盏鸣尊与奇稻田姬育有一子，名为八岛士奴美。八岛士奴美与山神大山津见联姻，与其女神大市姬生了两个儿子，分别是大年神与宇迦之御魂，这两位是农业神。

素盏鸣尊开枝散叶，子孙绵延，最终完成使命，离开了安居乐业的出云国，去根国（黄泉之国）隐居，也算是遵从了他的父亲伊邪纳岐最初的命令吧。

四、三大神器

日本人一向以谨慎著称，即使是袜子，也会仔仔细细叠好，而不像中国人和西方人那样，将一双袜子团成一个球。他们的理由是，袜子白天为我们工作了一整天，已经足够辛劳了，我们休息的时候，它们也应该放松，而不是紧紧绷起来。一些小细节，足见日本人的惜物精神，不仅仅是因为曾经的贫瘠与稀缺，更是因为他们源初的万物有灵崇拜，使得他们对万事万物都怀有一颗敬畏之心。

三大神器是日本人器物崇拜的一个极致表现。日本的三大神器分别是八咫镜，八尺琼勾玉和草雉剑，它们的神圣，源于它们曾经的主人天照大神。天照大神是日本天皇君权神授的源头，所以，由此传承下来的三大神器，便有着如同中国的传国玉玺般的象征意味。当然，有着如此重要使命的三大神器，也各自有着其非同凡响的来历。

八咫镜又名真经津镜，前文已提到天照大神隐藏于天之岩户之时，为了将躲起来不见人的天照大神引出来，思金神让冶炼神伊斯许理度卖命制造了一面超级大镜子，架在真贤树上，正对着天照大神的天之岩户大门。所谓的八咫，不仅仅是因为它大而美，更是因为有八束强光围绕着镜子，在镜子背面，有龟、鱼等水产神物的花纹。中国古代器物纹饰中，就有“海八怪”，寓意向往自然的超脱心态。

八咫镜是日本历史上第一次出现的镜子，也是日本镜子的老祖宗，连天上地下无所不能的天照大神，都第一次见到镜子，可见其珍贵。在这次使用以后，天照大神就将这面把自己诓出天之岩户的八咫镜保存了下来，传给了天孙，其后世子孙将八咫镜当成天照大神的化身，每逢节令就祭祀一番。

日本古代是不用铜做器皿的，镜子也是在弥生时代才传入日本的，物以稀为贵，这是当时本国没有能力生产的器物，尤其还是能够真切地映照人的影像的奇物，因此，镜子被日本人视为神秘的有灵物品就不足为奇了。日本人认为这种能映照出另一个自己的东西富有神性，它能观照出“忘我”与“无我”的境界，因此，有些人相信它有趋吉避凶的魔力，也将镜子当成饰物挂在胸前，在日本古代还将佩戴护心镜当成拥有地位的表现。

如今在日本关于镜子的传说也有很多，比如不能使用破碎的镜子。在他们的想象中，镜子中有灵魂存在，而破碎的镜子会释放出难以预料的东西。日本人认为，八咫镜沐浴过天照大神的灵光，因此，镜中留存着天照大神的御灵，时至今日，在日本的伊势神宫内，依旧供奉着八咫镜。

八尺琼勾玉，也称“八坂琼勾玉”，这块玉现今无人见过，以至于是不是真正的玉都有待商榷，它目前被收藏在日本的皇宫中，秘不示人，是传说之物。所谓八尺，有人说是因为这块玉很大，另一种说法是穿玉的绳有八尺之长。

八尺琼勾玉也是天照大神神话系列中重要的神器，在让天照大神重现高天原的行动中，八尺琼勾玉也算功臣。天照大神此后将八尺琼勾玉赐给了天孙，它也作为神明的象征得到世代供奉。

事实上八尺琼勾玉的源头应该更早些，伊邪纳岐在授予天照大神高天原管辖权的时候，就曾经赐给她一串发出悦耳之声的琼勾玉。玉信仰是中国的信仰，日本本国并不出产玉料，那时即使是中国的玉，也大多来自西域，也就是传说中的昆仑之地。因此，日本关于玉的崇拜，更有可能源自中国。勾玉的形状，更似太极图中的阴阳鱼，可见，日本开始输入中土文化之时，多少也将这些元素融入到了日本文化中。尊贵者佩玉，玉器象征着崇高的精神权威，八尺琼勾玉也成为神意在人间的体现。

八尺琼勾玉自被赐给天孙后，几经辗转，成为天皇的妹妹倭姬的收藏品。

在天皇之子武尊东征时，皇妹倭姬担心侄子，就将草雉剑和八尺琼勾玉一同赐给武尊。武尊胜利东征[①]归来，却在大和国被造反的叔父困住。于是，武尊取出姑姑给的神器琼勾玉，用它摩擦生出火焰，最终逃出生天。

由此可见，武尊使用的八尺琼勾玉在材质上可能有些类似于制造火镰的燧石。日本也有考据，最初的八尺琼勾玉并非特指一块玉，而是某一类装饰品的统称，其材质可能并非玉石，更可能是兽骨或牙齿。到了后来，材质更加广泛，有金、玉、石、玛瑙、水晶等等。八尺琼勾玉串的形态也可能更加丰富，不仅有形似阴阳鱼的带孔玉坠，还有圆形和管状的玉器，穿在一起，作为有身份有地位的人佩戴的饰物，或者在祭祀时使用的神器。

在日语里，“玉”的发音是“tama”，灵魂的发音是“ta ma xi i”，非常类似。在日本，对神器“琼勾玉”的信仰也算是灵魂崇拜的一种，日本现今很多流行文化元素，特别是动漫游戏中，“勾玉”屡见不鲜，比如高桥留美子的漫画《犬夜叉》中的言灵念珠，辅助语言去控制妖的灵魂；盐崎雄的漫画《一骑当千》中，勾玉蕴含着每个被命运选定的人所对应三国英雄的灵魂。

草雉剑就是那把素盏鸣尊从八岐大蛇尾巴中取出来并献给天照大神的宝剑。此后天照大神也将这把剑赐给了天孙。传说这把剑目前被供奉在日本三重县伊势市的伊势神宫。

有史料记载，草雉剑剑长两尺七寸，刀身中厚边薄，刀锋如叶，全刀呈多节形态，如同蛇骨。刀身通体纯白，不折不弯，锋利异常，是出色的神刀。草雉剑最初是斩杀八岐大蛇所得，八岐大蛇所在之处，上空必有丛云浮动，因此，草雉大刀又名“天丛云剑”。据说，草雉剑的锋利程度天下无双，十拳剑是创世神伊邪那岐的神器，即使是十拳剑，也被草雉剑崩开豁口，可见其剑锋之利。

天照大神的子孙世世代代传承着天丛云剑，到了第十二任天皇景行天皇之时，天丛云剑在天皇之子倭建命手中，他力大无穷，智勇双全，在东征的时候，到了骏河，被当地武装力量欺骗，在草原上狩猎之时，敌人焚烧草原，将他所骑

---

① 景行天皇四十年时，东国有夏美骚动，天皇便令武尊前去讨伐。日本武尊动身往东，并先前往伊势神宫参拜，其间倭姬命将天丛云剑交付给了他。

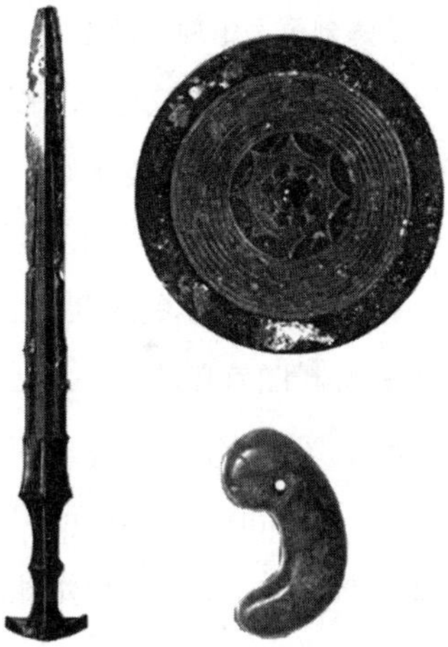

三神器剑、镜、玉

三大神器是历代天皇传承的法宝，他们认为这是高天原命他们统治日本的信物。在中国的宋明时期，儒学逐渐传入日本，这三大神器又被赋予了新的含义，镜代表知，玉代表仁，剑代表勇，是三种优秀品德的化身，也是君子的尊贵所在，简而言之，就是日本最高统治者天皇所具有的三种德行。

乘的骏马杀掉，试图烧死他。倭建命拿出天从云剑，神剑一出鞘，火势立刻转向，为倭建命留出生路。倭建命立刻用天从云剑砍伐野草，打开道路，最终逃出生天。为了纪念这次死里逃生，倭建命为天从云剑起名为“草雉剑”。 东征归途到达尾张之时，倭建命把剑寄放在了宫淄媛处，就英年早逝了。

草雉剑再次出现在历史舞台上是源平之战末期，其时平氏已经到了穷途末路的境地，在坛之浦战役中，平清盛的妻子二位尼，抱着有平氏血脉的幼帝安德天皇投海身亡，就带着这把象征天皇权威的草雉剑。当然，当时被沉入大海的，也许是仿制品，否则日后的皇室就无法代代相传了。

三大神器是日本的国宝，在日本的南北朝时期，曾有对三大神器的争夺。当时三大神器在南朝的后龟山天皇手中，而北朝的小松天皇虽然有实力，还占着天时地利，但神器毕竟是皇室信物，是天皇登基必备的祈祷用品。于是，小松天皇用下一任天皇的继承权，向后龟山天皇交换三大神器。不过，等神器到手之后，小松天皇又反悔，最终还是让自己的儿子继任了天皇。当然，三神器也自此归属了小松天皇一系。

剑、镜、玉这三大神器，在日本象征着天皇的威权，由神所授，万古流传。剑，代表着国家级别的武力，是征服者的象征。镜，代表着天照大神的子孙统治着光照所及的日本国土，正如日本的太阳旗所蕴含的意味。玉，代表着高贵者的权威，寓意神明之子世代承袭着至高无上的地位。这三大神器，是天照大神赐予日本的最高权贵天皇的，并承诺持此神器，可得到高天原神明的庇佑与帮助。

日本皇室将这三大神器当作神明供奉，在后世出土的文物中，有很多三神器的高仿版，是为了方便历代天皇登基仪式时的祭祀典礼使用，不需要四处寻回当时不知流落在何方的原版而制造的。

对于草雉剑、八咫镜以及八尺琼勾玉，也有考古学家认为，这三件上古神器，代表了三个时代，八尺琼勾玉代表石器时代，八咫镜代表青铜时代，草雉剑代表铁器时代。

还有说法认为三神器与一段中日友好的故事有关。在日本史上，邪马台的女王卑弥呼被认为是天照大神在原始时代的原型。三国时期，卑弥呼曾经向曹魏进贡。魏明帝十分重视，赏赐丰厚，其中就有五尺刀两口、铜镜百枚、铅丹（八班琼）五十斤，正好应了传说中的三神器“剑”“镜”“玉”。

三大神器的传说虽然虚无缥缈，但未见得完全是杜撰之言。毕竟，日本一向是神话、历史不分家。

第三章

国津神

一、大国主神

素盏鸣尊的子孙，被称为国津神。

大国主神是众多国津神之一，传说他是素盏鸣尊的第六代孙，是延续着神明血脉的凡人。他以凡人之身获得神格，最终成为诸天神明之一，世人又称他为大穴牟迟神、苇原色许男神、八千矛神等，是继三贵子等天津神之后，苇原中国新生代主宰神明的第一人。

大国主出生时，并没有受到高天原的眷顾。他有八十个兄弟神，这些兄弟都很瞧不起他，也经常欺负他。八十神和大国主每人都有自己的封地，但八十神十分懒惰，每日里赋闲享乐，无心治国，将所有国事劳务都交由大国主。但大国主毫无怨言，将一切安排得井井有条，反而越发锻炼了自己的才能，成为一个出色的年轻人。

转眼这些兄弟与大国主都到了适婚年龄，他们听说在因幡国的稻羽，有一位美丽的少女，名为八上姬，不仅温柔娴雅、国色天香，也是因幡国的唯一继承人，娶到她，就等于得到了因幡国。

八十个兄弟全都怀着倾慕之心去求娶这位公主，大国主也不例外，虽然兄弟们都看不上他，不希望他去，但是因为他跟随众兄弟时，可以做帮他们背行李的仆人，兄弟们也就同意了。

众兄弟轻装上阵，春风得意马蹄疾，将大国主远远丢在后面。大国主吃力地背着行李，跟在兄弟们身后，没有任何怨言。

路上，兄弟们忽然看到一只兔子，浑身没毛，正在哭泣。兄弟们觉得有趣，就去询问。原来，这兔子被剥去了皮毛，既痛苦又丑陋，不知如何是好，所以悲伤。这些兄弟觉得有趣，就告诉兔子，要想治好，必须在海水中泡一泡，再在太阳下晒干，兔子皮自然就好了。

兔子道了谢，按照他们的办法，在海水中泡了很久，身上浸足了盐水，再躺到岸边，让烈日照射，结果，身体经腌渍日晒，开始风干龟裂。兔子疼得死去活来，号啕大哭。

大国主背着沉重的行李，落在后面很远。此时，他正好路过看到这只兔子，十分同情，便问它怎么会落到这种地步。原来，兔子想从於岐岛经过大海到达陆地，它个头太小，就想了个主意。它假意和鲨鱼打赌，比谁的族人更多，让鲨鱼排成一行，浮在水面上，直到海边。随后，兔子就踩着鲨鱼的脊背，数着鲨鱼的数量，蹦蹦跳跳到了海边。在离岸边还有一小段距离的时候，兔子觉得靠自己也能游过去了，便得意忘形。它跳入水中，大声叫嚷："你们这群大笨蛋，都被我骗了！"

鲨鱼知道上当，恼羞成怒，加速游到准备上岸的兔子身边，将它抓住，逆剥兔毛，兔子就变成了裸兔。兔子向大国主的兄弟们求助，反遭到戏耍。现在兔子不仅光秃秃的，还疼痛难忍，丑陋不堪，差点变成风干兔肉。

大国主十分同情兔子的遭遇，决定帮助它。他让兔子先在山中溪水里浸泡，将身上的海盐渍洗掉，然后采摘了很多蒲草，将蒲草黄色的花粉撒在地上。兔子在蒲草花粉上打滚，果然身上不再疼痛，裂口痊愈。

不久，兔子就有了一身雪白轻柔、蓬松亮丽的皮毛，毛茸茸的，既舒服又温暖。这就是因幡白兔，至今仍旧是稻羽地区的兔神。曾用神奇的方法为白兔治病的大国主，也被后世奉为药神。

白兔对大国主千恩万谢，在告别前，她仔细端详着大国主，说：“你是个好人，老天会帮你的，你的那些兄弟高高在上，但心地龌龊，你虽然地位卑微，但心灵高贵，此次去求娶八上姬，你那些兄弟休想成功，只有你才能得偿所愿。”

大国主神告别了白兔，到达了因幡国。他的八十个兄弟早已经见到了八上姬，可八上姬一个都没看上，这些轻浮的男人并不合美丽公主的心意。当她看到了大国主，第一眼便爱上了这个勤奋又善良的年轻人。正如白兔所说，八上姬最终嫁给了大国主。

大国主的兄弟们嫉妒得要命，偏偏是这个谁都看不起的家伙娶到了八上姬，他们不甘心，决定报复他。他们带着大国主来到手间山，要他去捉一只红色的野猪，扬言他要是放跑了野猪就会杀了他。然而，那并不是什么红野猪，而是一块巨大的石头，被兄弟们烧得滚烫。果然，大国主摸到烧红的石头后被烫死了。大国主的母亲十分伤心，她向高天原的神明哭诉求助。她原本是高产巢日神的女儿，被指派嫁给了素盏鸣尊的子孙，才生下大国主，虽然不在高天原，但依然可以申诉。

高产巢日神听到了她的悲鸣，便让贝壳神蚶贝比卖和蛤贝比卖到手间山去救人。蚶贝比卖与蛤贝比卖分别将自己身上的贝壳粉与贝汁调和起来，制成治疗烫伤的神药，涂在大国主神的尸首上。不一会儿，大国主神就奇迹般地站起身来。

八十神看到大国主竟然死而复生，又使出一个毒计。他们砍倒山上一棵巨大的树，将树干从中劈开一半，又打进一块木楔，让大国主神躲在木楔上休息，美其名曰保护他。但当大国主进入树干后，八十个兄弟立刻围拢过来，挥舞巨斧，将大国主神砸死在树干中。大国主神的母亲再次向高产巢日神求助，高产巢日神将大国主从树干中救出，又复活了大国主。

大国主的母亲担忧儿子继续留在这里，终有一日会被害死，再也回不来了。她劝大国主快点逃走，以躲避兄弟们的追杀。大国主神毫不犹豫，起身就走，他的兄弟们弯弓搭箭，要射死他。大国主身手敏捷，躲在树杈上，再次躲过一劫。

在母亲的建议下，大国主逃往了根国，进入了素盏鸣尊统治的黄泉世界，原本想寻求庇护，没想到在这里，他遭遇了更大的危机。素盏鸣尊虽是大国主的曾曾曾祖父，但对这个小玄孙却一点儿也不照顾。根国荒凉破败，到处阴气森森，鬼怪横行。大国主在这里首先见到了素盏鸣尊的小女儿须势理毗卖。素盏鸣尊虽是冥国之人，他的女儿却是凡人。须势理毗卖对大国主一见钟情，她爱大国主的英俊温雅、善良勤恳，便带着大国主来见自己的父亲——冥界的主宰素盏鸣尊。

得知眼前这位一表人才的青年就是大国主时，素盏鸣尊很惊讶。他早就听说过这位年轻人，认为他有治国之才，是后辈中最有资格继承出云国土的人。他也看出了小女儿对大国主的爱慕之情，但他并不明白，为什么这年轻人不在人间治国，却跑到阴间来，还十分落魄。

大国主将他的遭遇告诉了素盏鸣尊：他不被八十个兄弟所容，被追杀，所以逃到了根国。

素盏鸣尊沉思良久。这个年轻人虽然聪慧勤恳，但过于敦厚，这在权力斗争中是致命的，在这里，善良就是懦弱的代名词，而他在兄弟手足相残中一味忍让，缺乏身为人君所应有的决断。这样软弱的男人，女儿如果跟随他，将来一定会吃尽苦头，甚至可能丧命。

素盏鸣尊打定主意，要对这位年轻人进行一番地狱级别的考验与磨炼。他没有对大国主的遭遇做任何评价，只是为他安排了住处，让他早早去休息。

大国主来到了住处，进门后，却漆黑一片。他的脚下忽然踩到了一些柔软的东西，等目光适应了黑暗，看到那些东西，立刻吓得毛骨悚然。原来，这是一间蛇屋，他正站在蠕蠕而动的群蛇之间，那些蛇不大友好地看着他，似乎随时可能攻击他。大国主一动也不敢动，很怕惹到毒蛇，被咬一口。

这时，门被打开了。门外站着焦急万分的须势理毗卖，她听说父亲让大国主住在这里，就知道不妙，便尽快想办法来解救他。

须势理毗卖向大国主扔了一块领巾，让他挥动三下。

大国主依言用领巾向群蛇挥动，本来绕着他转的蛇群，像是受到了极大的惊吓，纷纷退到墙角，大国主走到哪里，蛇就会退开。大国主就凭着这方领巾，在爬满毒蛇的房间中安然入睡。

次日，大国主安然无恙地站在素盏鸣尊面前。素盏鸣尊见他度过此劫，又带他到另一个房间居住。

这个房间爬满巨大的蜈蚣，有毒的黄蜂满室盘旋。须势理毗卖再次出现，她又丢给他一块领巾。大国主再次挥动领巾，那些蜈蚣簌簌退散，黄蜂也远远地避开了大国主。

大国主再次得救，素盏鸣尊也发现了女儿从中作弊，帮助大国主通过考验。于是，素盏鸣尊将大国主带出居所，到了空旷的冥界草原。这一次，须势理毗卖也束手无策了。

素盏鸣尊拿出神弓，弯弓如满月，向草原射出一支响箭，响箭有声无影。这次的考验，就是要大国主去找到这支响箭。

大国主追着响箭跑出很远，他翻开每一块草皮，寻找响箭的踪影，最终找到了。

然而此时他才发现情势不对，四周早已浓烟滚滚。原来，素盏鸣尊趁着大国主专心找响箭时，将荒原点燃。此刻，野火燎原，火光耀天，大国主被荒原之火包围，找不到生路。

须势理毗卖看到荒原上一片火海，知道大国主这次再也无法逃出生天，只能在悲切中开始着手为大国主准备葬礼。

天无绝人之路，被困在火中的大国主，忽然看到一只小田鼠窜来窜去。这田鼠一边跳，一边口中振振有词："洞口狭窄，洞内宽阔。"然后它刺溜一声，钻入草地上的一个洞中不见了。

这个洞实在是太窄，只能容许田鼠进出。可大国主转念一想田鼠的话，恍然大悟，立刻开始向地下挖掘，发现确实有一个洞穴，十分宽敞，足以藏身。大国主跳入洞中，又将洞口用浮土掩好。这样，大火烧尽了荒原，却没有烧到大国主。大火熄灭后，大国主从洞中爬出，毫发无伤。此时，那只老鼠又出现了，嘴里叼着素盏鸣尊的响箭，送到大国主面前。

素盏鸣尊看到野火吞噬了整个荒原，估计大国主变成烟灰了。他有点惋惜，但女儿也不能跟着无能之辈。素盏鸣尊带着这个噩耗回到住处。须势理毗卖大哭，带着祭奠之物，到荒原上去祭奠自己的恋人。

在已经被烧成焦土的荒原上，她看到的是毫发无伤的大国主，手里还攥着素盏鸣尊的响箭。

大国主与须势理毗卖手牵手回到素盏鸣尊面前，素盏鸣尊虽然没说什么，心里已经对这位年轻人十分赞赏了。在那场大火中，若没有上天的庇佑，即使是神明，也会被烧得灰飞烟灭。

随后，素盏鸣尊为大国主设计了最后一次考验。他将大国主带入自己的寝室，然后舒服地躺在床上，让大国主为自己抓头上的虱子。

大国主拨开素盏鸣尊的头发，倒吸一口凉气，这满头长发间，全是蜈蚣在里面蠕动。大国主不知从何下手。须势理毗卖再次来帮忙，她给了大国主一把糙叶树的浆果和红土，让大国主放在嘴里咀嚼。

这东西味道非常恶劣，大国主一下子吐了。

素盏鸣尊被惊动了，看到大国主吐了一地红红的东西，还以为他是将蜈蚣抓住嚼碎后吐出来的。身为狂暴之神的素盏鸣尊很欣赏这种做法，他觉得这小子还是有点勇武气概的，于是十分安心，闭上眼睛睡着了。

大国主侥幸通过考验，却不敢久留。他要带着聪慧体贴的须势理毗卖离开这里，回到人间，即使那里有恶毒的兄弟在等着他，经历了地狱般考验的他也不再惧怕。

大国主悄无声息地把素盏鸣尊的头发分成很多束系在屋椽上，又用一块大石头抵在门上。他拿上素盏鸣尊的十拳剑和满月弓，带着天沼琴，背上心爱的姑娘须势理毗卖，匆匆出逃。

他太过急切，不小心天沼琴撞在了大树上，发出震天的响声，也吵醒了素盏鸣尊。

素盏鸣尊得知大国主逃走，还拐了自己的女儿，偷了神器，大发雷霆，他起身想追，头发却被束在屋椽上。素盏鸣尊动用蛮力，掀翻了整个屋子，连挡在门口的大石也被震倒。

他追呀追呀，一直追到了黄泉比良坂。此时，大国主已经带着须势理毗卖越过黄泉，离开冥土。而素盏鸣尊是黄泉国之人，没办法追过去。

于是，素盏鸣尊站在黄泉边，朝着那重回人间的大国主神喊：“你这小子，去用我的十拳剑，把你那些可恶的兄弟统统打败吧，一定要当上出云国的国君！”

须势理毗卖这才发现，父亲对大国主所有的刁难，都是为了自己，想到今后再也无法见到父亲，她泪落如雨。

素盏鸣尊看到女儿落泪，万分揪心，他继续喊：“你要善待须势理毗卖，让她成为你的王后，在宇迦山下建造宫殿，从此成为天下之主。”

大国主也明白了素盏鸣尊的良苦用心。他与须势理毗卖在黄泉彼岸向素盏鸣尊深深施礼，然后重返人间。

大国主用十拳剑和满月神弓征服了自己那些狡猾残忍的兄弟，又用天沼琴获得了万民的信仰，最终成为出云国的主君。辅佐他征伐天下的须势理毗卖，也成为他的王后。

因幡美丽的八上姬依旧对大国主痴心不改，但她畏惧黄泉出身的须势理毗卖，即使为大国主诞下儿子，终究还是离开了。她将自己的孩子挂在树杈上，走出了出云皇宫，回到故乡稻羽。她的孩子，被后世称为“木俣神”。

二、苇原中国的诸神之战

八上姬走后，大国主神与须势理毗卖相亲相爱了一段时间，但没过多久，他就厌倦了。须势理毗卖太主动、太强势，她要求大国主神只爱她一个，不许别的女人染指自己的丈夫。妻子如此霸道，大国主神十分郁闷，这样如何增添子嗣，传承基业？

大国主神私下寻找美女，得知高志国有一个美女，名为沼河比卖，年轻漂亮，温柔贤惠。大国主便踏上了浪漫之旅，来到了高志国。

沼河比卖对大国主神早就十分倾慕，两人一拍即合，成就了美好姻缘。这段露水之情被在出云的王后须势理毗卖得知，她非常难过，当初自己背叛父亲跟着大国主出走，舍弃了一切，大国主平定八十神，统一出云国也有她的一份功劳。现在他却背叛了自己。

须势理毗卖向大国主神抱怨、哭诉，却让大国主神更加厌恶、疏远她。为了躲开她那幽怨的面孔，大国主神假装要出趟远门，实际上是去与情人私会。

须势理毗卖知道这个变了心的男人再也无法挽回，伤心欲绝。大国主神临行前，须势理毗卖与他共饮了一杯交杯酒。然后，这个凄苦的女人毒发身亡。她用决绝的方式离开了大国主神，回到了故乡黄泉国。

须势理毗卖去世后，大国主神又娶了几个妻子，生下了17代子孙，称为“十七代神”。

在大国主神的悉心治理下，出云国兴盛起来，百姓安居乐业。

忽然有一天，大国主心血来潮，到海边游览，远远地看到海中有一艘桃子大小的罗摩船漂过来。那船缓缓驶到了岸边，船上的人登陆后，竟然是一位穿着鹅皮衣的神明，他的身后跟随着神使。

大国主神觉得有趣，伸手捧起这位小小的神明。他向这位神明问安，并询问神明为何来到出云。

奇怪的是，鹅皮神不仅一言不发，还连踢带踹，差点咬伤大国主神，让大国主神十分困惑。

青蛙神多迩具久献策，请大国主神去求教见多识广的久延毗古。久延毗古是一位农田里的神明，他平日里以稻草人的形象出现，站立在农田中，保护粮食不受鸟雀啄食。

久延毗古一看这位鹅皮神，就认出了他的来历——这小巧的神明，是神产巢日神的儿子。

大国主带着疑问，上高天原去问询神产巢日神，这位神明因何莅临出云国。原来，这小小神明名为少明毗古那，原本住在高天原，是神产巢日神儿子中最调皮的一个。神产巢日神十分喜爱他，经常把他拿在手里把玩，结果一不小心，少明毗古那就从神产巢日神的指缝里掉落下去，到了凡间。

少明毗古那是一位农业神，善于种植五谷，神产巢日神请大国主与少明毗古那结为兄弟。农业神少明毗古那教会国人耕作，使出云国年年丰收，更加富裕，老百姓丰衣足食，国力也逐渐强盛。

完成了教授出云国人务农的本领，少明毗古那便隐退了，他去了一个没有忧愁烦恼的长生国，名为常陆国。

大国主神十分思念少名毗古那，天天在海边守望，希望有一天少名毗古那从海上归来。他没有等到少名毗古那，却等来了另一位神明。

这位神明浑身银光闪闪，他要求大国主神向他供奉香火，子子孙孙沿袭这个习俗。这样，他就能保佑出云国的太平兴盛，否则，天灾人祸就会毁灭出云。

这位神明自称为大国主神带来了幸运之魂。神道教的“一灵四魂”，包括象征勇猛与灾祸的荒魂，象征和平的和魂，象征幸运的幸魂，以及象征奇迹带来财富的奇魂，而这位神明带来的，正是幸魂和奇魂。

大国主神遵从了这位神明的旨意，在大和国的东山供奉这位神明，东山就是后世大和国世代侍奉的三轮山。这位神明，就是三轮山神。

三轮山神没有神殿，三轮山本身就是朝拜对象。通过巨大的鸟居，大和国人对三轮山顶礼膜拜，进行祭祀，保持香火世代不断。在三轮山所在的大神神社，供奉着大国主神的和魂。

出云国白日热闹非凡，繁华兴盛，夜晚也是灯火辉煌，人们载歌载舞。歌唱与欢笑声直传到九霄云上的高天原。

天照大神看到昌盛的苇原中国，十分心动。天安河之盟所诞生的正胜吾胜胜速日天忍穗耳命，此时已经长大成人，是天照大神十分器重的儿子，她为此子迎娶了高御产巢日神的女儿做妻子，并将苇原中国赐给天忍穗耳命作为封地。

天忍穗耳命从高天原上朝下瞭望，此时正值夜晚，苇原中国却依旧灯火通明，人声鼎沸，嘈杂不堪。天忍穗耳命回去向天照大神复命，说苇原中国已经有了统治者。

天照大神很生气，这一定是哪位土地神擅自做主，自立为王，真是不把高天原放在眼里。她召集群神，商议平定苇原中国的策略。

思金神向天照大神推荐了天菩比神，这位神明是位骁勇善战的战神，天照大神对他也十分信任。于是，天菩比神来到苇原中国，进入了出云国。

然而大国主神却一点也没有显示敌意，他诚恳热情地招待了天菩比神，用美食、美酒、美女等诱惑，让天菩比神陷于纸醉金迷的生活，耽于享受，浑然忘记了此行的目的，最终成为大国主神的跟随者。

高天原上的天照大神本以为一个凡间的小神，斗不过天兵天将，却迟迟没有等到消息。天菩比神是否遭遇了不测，还是另有隐情？天照大神决定再派一位神明去探查究竟。

思金神再次向天照大神建议：派天菩比神的儿子天若日子去苇原中国，他骁勇善战，有能力平定苇原中国，另外，他寻父心切，必然能不辱使命。

天照大神认为很有道理，天若日子临行前，天照大神还赠送了他射鹿神弓和神羽箭，以助他作战。

天若日子来到苇原中国，大国主神如法炮制，让天若日子沉溺于声色犬马，并将自己的女儿，美丽的出云公主下照姬嫁给了天若日子。这勾起了天若日子的野心。有朝一日大国主神归隐黄泉，他就可以借着天神与驸马的双重身份霸占出云国，征服整个苇原中国，成为这片凡间乐土的主宰。

一晃八年过去了，高天原上的天照大神与众神都觉得诡异，怎么父子两代都一去不返，杳无音信，难道他们已经被苇原中国的国津神降服了？

思金神又来献策，派一只名叫鸣女的雉鸡去探查。这是一只非常漂亮的神鸟，天照大神派它去凡间寻找天若日子。

鸣女来到苇原中国，找到了出云国里天若日子的居所，落在他家门前的树上鸣叫，希望得到天若日子的回应。

这事被喜欢恶作剧的天佐具卖得知，她是个看人家遭殃就开心的祸津神，她跑去向天若日子挑拨离间，说门前有一只长相丑陋的鸟，叫声像丧歌，是不吉之物，如不及早处理，会招致灾祸。

天若日子久居出云国，并未得到大国主神的重用，每天郁郁寡欢，无所事事，听到天佐具卖的挑唆，恼火地拿起射鹿神弓和神羽箭，也没有仔细看，就朝着门外树上的鸣女射了一箭。

神羽箭是高天原神器，这一箭射中了鸣女，穿胸而过，可怜的神使鸣女当场一命呜呼。然而，箭和鸟都没有落地，箭直接带着鸣女飞上了高天原，“噗”

的一声，落在毫无防备的天照大神和众神面前。

天照大神被吓了一跳，仔细察看，却发现那只死去的鸟是鸣女，扎在它胸前的箭，正是自己赠予天若日子的神羽箭。

即便如此，她依旧不相信天若日子已经背叛了自己，觉得他可能另有苦衷。

高皇产灵尊看到惊疑不定的天照大神，出了个主意。他建议将神羽箭射回凡间，如果这支箭是天若日子与苇原中国本土神作战时误杀鸣女的，那么这支箭就不会射中他，如果天若日子已经与土地神勾结到一起，背弃了高天原，杀掉了神使，那么这支箭就会要他的命。

天照大神觉得这个主意很合理，于是，高皇产灵尊将神羽箭投向苇原中国。

杀了神使的天若日子回到房间，越想越觉得不对劲儿，烦躁地躺在床上。正在此时天空中一声巨响，一支带着光芒的神箭穿过房顶，射向天若日子。还没反应过来的天若日子被这一箭贯穿心口，立刻殒命。

连续派去两位神明都没能拿下苇原中国，反而都被策反，天照大神有点焦急。

思金神再次献策，目前高天原上的可用之兵是两位刀剑神，一个是天之尾羽张，另一个是其子建御雷神。天之尾羽张过于暴躁，曾经为泄私愤阻塞天安河，他这性子未必肯从命，所以先让鹿神天迦久去问询一下。

结果，天之尾羽张果然不愿去苇原中国，却委托自己的儿子建御雷神前行。

高天原诸神中也有人不服气，天鸟船神认为自己也能胜任这次使命，请命同行。

天照大神很高兴，让船神载着雷神从天而降，出征苇原中国。在出云的伊那佐，一个名为小滨的地方，他们找到了大国主神。

建御雷神拔出十拳剑，倒插在地上，他本人坐在剑尖上，以显示武艺高超，神技无敌。他单刀直入，向大国主说明来意。天照大神要他和船神来收复苇原中国，这苇原中国的富饶之地，应该归属天照大神的子孙，要大国主神让出国君之位。

大国主神知道早晚有这么一天，他无法斗过高天原诸神。但他还是不太甘心拱手让位，于是他说：“我已年迈，国事早已经交给我的大儿子言代主神了，

建御雷神

建御雷神受天照大神之命，以武力威胁大国主神让出出云国的统治权，打败了大国主神的儿子建御名方，是高天原下降到凡间的军神。

让位一事，你们去问他吧。不过，他正在外祭祀，可能有段时日回不来。”

天鸟船神看出大国主神的拖延之计，立刻出发，将言代主神带了过来。

言代主神看出老爹的想法，但他十分懦弱，面对气势汹汹的船神与雷神，他觉得惹不起，就恭敬地表示服从上天安排。为了自保，他干脆弄翻了小船，变成围墙的模样，自己躲在里面，再也不肯出来。

大国主神却不服输，他还有一个儿子，名为建御名方，是个大力士，生性鲁莽，脾气暴躁。大国主神带着两位高天原的神明找到建御名方，说明缘由。

建御名方瞧不起眼前这两位神明，他伸出手，摆明要与建御雷神比试力气。在凡间，他的力道无人能及。

建御雷神刚刚一握他的手，建御名方的手立刻骨折了，鲜血淋漓。此时，建御雷神的手指已经变成冰冷锐利的剑锋。他拉起大力士建御名方，将他远远地丢了出去。

建御名方大吃一惊，仓皇逃走，建御雷神紧追不舍，一直追到洲羽海。

建御名方无处可逃，跪地求饶，只要不杀他，他同意将出云国交给高天原的天照大神及其子孙。

大国主神的两个儿子都已经顺服，建御雷神便逼着他交出苇原中国的大权。

大国主神心中难受，出云国是他一砖一瓦建立起来的国度，历经艰难险阻，是豁出命换来的天下，如今国泰民安，却要将国家拱手让人，真是无奈。

大国主神心灰意冷，提出了最后一个要求。他希望高天原能够为他建一座高楼，如同九霄上的琼楼玉宇，以供他的后世子孙祭祀祈祷。他将归隐山林，颐养天年。然后，他将统治出云的权杖——出云大矛交给雷神与船神。

建御雷神用它号令苇原中国各地，包括大国主神的 180 个儿孙所管辖之地，都听命于天照大神及其子孙。那些不肯服从天命的地方，被雷神武力荡平，最终苇原中国被统一。

三、天孙降临苇原中国

苇原中国被建御雷神平定后，天照大神与高御产巢日神开始着手主持权力交接。天照大神早已将苇原中国分封给了天忍穗耳命，此时开始催促他准备去治理这块凡间乐土。

天忍穗耳命却推辞了，他为苇原中国推荐了一位新的君主。

天忍穗耳命曾奉命与高皇产令尊的女儿万幡丰秋津师比卖命成婚，婚后生了两个儿子，大儿子为火神，名为天火明命，二儿子叫天津彦彦火琼琼杵尊，又有一个十分响亮的称呼，叫天迩歧志国迩歧志天津日高日子番能迩迩艺命，其意为，“天地丰饶，太阳高照，太阳之子，稻穗丰硕”。因其名字过长，后世皆称其为迩迩艺命。

迩迩艺命生下来就相貌堂堂，红光满面，秀美英武，有帝王之相，天照大神十分喜欢这个小天孙。

天忍穗耳命为天照大神推荐的苇原中国统治者，就是这位小天孙迩迩艺命。

天照大神和高皇产灵神都觉得这个建议十分合理，天照大神十分高兴地招来迩迩艺命，让他代替父亲，降临苇原中国，主宰凡间。在天孙降临之前，天照大神还特意准备了真床追衾。这是一张硕大的御床，上面铺了光鲜的锦被。迩迩艺命端坐床上，开始飘落凡间。

然而到了天之岔道，却有一位神明挡在迩迩艺命面前。这位神明浑身散发着异样的红光，光芒四射，照得前来送行的诸神睁不开眼，即使是天照大神也觉得这位神明的光辉普照天地，简直要与自己比肩。

天照大神十分困惑，派彪悍的女神天宇受卖命去探查情况，看对方是敌是友，有何贵干。

天宇受卖命也觉得这位神明来历不明，想试探一下对方。于是，她摆出了在天之岩户前跳舞的姿态，要对此神唱咒歌。

这位神明并未做出什么敌对的举动，只是面色略有不快，质问天宇受卖命为何要诅咒他。

天宇受卖命这才停止歌舞，询问他的来历和意图。

原来，这位天神是来自苇原中国的土神，名为猨田毗古，此次前来，特意为即将降临苇原中国的天孙做向导。

天宇受卖命回去向天照大神复命，天照大神很高兴，觉得这是一个吉兆，便同意让猨田毗古辅佐迩迩艺命前去苇原中国。

天照大神又考虑到迩迩艺命过于年轻，又加派了很多得力助手，有占卜神天儿屋命、幡神布刀玉命、彪悍的女神天宇受卖命、镜神伊斯许理度卖命、玉神玉祖命。不仅有天神随行，迩迩艺命还带着三大神器：八咫镜、八尺勾玉串和草薙大剑，这三大神器，被世代供奉祭祀，如同侍奉天照大神的灵魂。

天照大神又指派一批神明帮助迩迩艺命打理苇原中国的政务，有智计无双的思金神、保食神登由宇气、大力神天手力男等等。这些神明分别被供奉在不同的神宫与神社，成为后世各部的祖先神。

一切准备就绪，迩迩艺命坐在御床上，飘飘然穿过九霄云雾，过了天浮桥，越过浮岛。猨田毗古将他引导到了筑紫日向的高千穗峰。从此，迩迩艺命开始统治苇原中国。

迩迩艺命的随从武将天忍日命与天津久米命带着神弓神箭，挥舞着大刀，一路披荆斩棘，护送降落凡间的天孙，征服各地，终于来到了笠沙的御崎。

这方水土正对朝鲜半岛，背山临海，景色壮阔而秀美，朝阳夕晖均可见到，是块风水宝地。迩迩艺命带领众神落脚此处，命天儿屋命率领众神构建神宫。

既然已经到达了目的地，就不再需要引路神。迩迩艺命让天宇受卖命送走猨田毗古，并将其名号转赠给天宇受卖命，名其为猨女君，世世代代为皇家管理神灶祭祀事宜。

猨女君将引路神猨田毗古送到海边便分别了。猨田毗古无所事事，打鱼度日，一不小心手被比良夫贝夹住，跌入海水中，成为海水神，是专司海水水泡的神明。海水冒泡时，称为泡魂，水泡破裂时称为泡破神，沉入海底时，称为沉底魂。

告别了猨田毗古的猨女君，在海边召集了各种各样的鱼，命它们今后要听从天孙迩迩艺命的号令，好好侍奉这位苇原中国的主宰。

只有海参无动于衷，它实在是太懒了，连张嘴说话都觉得费力。猨女君生气地掏出小刀，将海参的嘴割开，从此，海参世世代代只能张嘴，无法闭口。

后世每当有新天皇登基之时，海民都要贡奉初次收获的鱼贝，天皇又将其

天孙迩迩艺命降临人间

迩迩艺命接过天照大神赐予他的剑、镜、玉三大神器，率领着思金神、保食神、大力神等高天原神明，坐着御床，飘然降落在高千穗峰之上。

赏赐给猨女君，遂成习俗。

迩迩艺命在笠沙御崎建立了辉煌的神宫，却没有心满意足，他总觉得缺了点什么。有一天，他遇到了一位生于苇原中国的少女。这少女美若天仙，娇柔而明艳，即使是神明见了也会怦然心动。迩迩艺命对此女一见钟情，向这位少女搭讪。原来，这位美丽的少女名为阿多都比卖，是山神大山津见的小女儿，因为她漂亮得如同绚烂绽放的樱花，因此，大家送给她一个美名，叫木花之佐久夜毗卖，又称木花开耶姬。木花开耶姬还有一个姐姐，名为石长比卖，与她年纪相当，又名磐长姬。

迩迩艺命听到这些，对这少女又多了一分倾慕，于是便向她求婚。

木花开耶姬双颊飞红，她要征得父亲同意才能给迩迩艺命答复。

迩迩艺命急不可耐，赶忙让身边的神明去见大山津见。大山津见听说是苇原中国的新君主天孙迩迩艺命向自己的女儿求婚，高兴极了，当场应允，不仅如此，他还将自己的另一个女儿磐长姬也许配给迩迩艺命。

迩迩艺命得到回复，喜不自胜，当即拜谢了山神大山津见，带走了两位少女。

当他一手牵着美丽的木花开耶姬，一手牵着少女磐长姬走向自己的神宫之时，忽然觉得磐长姬的手冰冷而坚硬。

直到这时，他才认真打量磐长姬，原来，这个少女奇丑无比，面色黝黑，脸上长满青春痘，与木花开耶姬大相径庭。迩迩艺命恍然大悟，难怪此女名为磐长姬，原来是形容长相如同石头。

迩迩艺命心里不爽，只看了一眼，便立刻将这个丑陋的少女赶出了自己的神宫，只将木花开耶姬带回宫内，洞房花烛。

磐长姬受到了莫大的侮辱，委屈地跑回娘家。

大山津见既心疼又失望。他将一美一丑两个女儿都嫁给迩迩艺命，原本是用心良苦。木花开耶姬的美貌，会让迩迩艺命沉醉于美色，既耽误政事，又损伤身体。磐长姬虽然丑陋，却能帮助迩迩艺命节欲自制，细水长流。没想到迩迩艺命只贪恋美色，却不顾长久。大山津见预言，这位国君的寿数，终将如樱花般短暂。

后世的天皇们也如同迩迩艺命一般，寿数并不长久，正应了大山津见的预言。

迩迩艺命只与木花开耶姬共度一夜，他还有建国重任，因此，第二日就辞别了新婚的美貌妻子，继续征程。

就这样过了很久，忽然有一天，正在处理政务的迩迩艺命看到了木花开耶姬，她千里迢迢来寻找他，风尘仆仆，腹部隆起。

她告诉迩迩艺命，自己已经怀了他的骨肉，所以才擅自来寻找他，希望孩子能在父亲的庇护下降临人间。

迩迩艺命大吃一惊，自己仅与她共度一晚，怎么可能有了孩子？因此，他怀疑这孩子是木花开耶姬与某个苇原中国土神的血脉。

木花开耶姬历尽千辛万苦寻找夫君，却换来一瓢冷水，她伤心欲绝，失声痛哭。她的泪水并未打动迩迩艺命，于是，她向迩迩艺命提出了一个请求，以此来验证自己的贞洁之身。

她请迩迩艺命派人建起一座八寻殿，高大又没有窗户。她告诉迩迩艺命，如果自己是贞洁的，大殿燃起烈火之时，自己就能顺利生产，母子平安。如果自己与他人有染，母子必葬身火海。

说完这些话，木花开耶姬拖着沉重的身子，毅然走进了八寻殿。

迩迩艺命让人封死入口，并用柴火点燃八寻殿。

八寻殿烟火刚起之时，忽然听到其中传来婴儿啼哭的声音，第一个孩子降生了，因为他生于火势刚起，火光照亮大殿之时，便被命名为火照命。火势继续大起来，室内火光冲天，第二个孩子也降生了，名为火势须理命，意为火势最旺。火势略微减弱，烟气升腾，此时，第三个孩子也降生了，此子名为火远理命，意为火势衰弱。

这三个孩子分别诞生于火势的初起、旺盛、衰微之时，象征着自然运行之理。他们是天神与凡人结合的后代，传承着带有天神血统的皇族血脉。

此时，木花开耶姬抱着三个孩子，安然无恙地走出了已经被烧毁的八寻殿，她用绝境中的奇迹，证明了自己的清白之身。

迩迩艺命十分愧疚，终于认识到自己错怪了妻子，他向木花开耶姬致歉，并与妻子重归于好。他将三个孩子抱在怀中，承认他们是自己的至亲骨肉。

四、山幸彦与海幸彦

迩迩艺命与木花开耶姬没有共同度过多少时光，迩迩艺命就撒手人寰了。他被后人安葬在当年初到苇原中国时降落的筑紫日向，陵墓建筑在可哀山之上。

迩迩艺命的儿子们继承了父亲的事业，开始治理苇原中国。

迩迩艺命与木花开耶姬的三个儿子中，大儿子火照命喜欢亲近大海，善于捕鱼，人称海幸彦，小儿子火远理命喜欢在山林中自由自在，他善于狩猎，人称山幸彦。

海幸彦有一只金鱼钩，用这只特制的鱼钩，海幸彦在大海中可以钓到很多大鱼，他以此为生，并将钓到的鱼做成美味佳肴，与弟弟一同享用。

山幸彦有一张宝弓和一柄宝剑，他每天背着弓，提着剑，在崇山峻岭的茂密森林中狩猎，猎获很多飞禽走兽，他将这些山珍野味做成菜肴，分给哥哥食用。

山幸彦是个明朗活泼的青年，他觉得日复一日的生活太单调乏味，同时，他也十分好奇哥哥每天在海上是如何劳作的。于是，他建议兄弟俩交换一下工作，体验一下新鲜生活。

海幸彦却觉得弟弟是个浮躁性子，虽然身法灵活，在山林中绰绰有余，但对大海却难以驾驭。不过，看到弟弟那迫切的眼神，海幸彦于心不忍，只好勉强答应了。

海幸彦拿起弓箭，到了山林，他感到百般不适，抽弓搭箭，忙活了一整日，却一无所获，他很懊恼自己对弟弟的妥协，决定明天无论山幸彦说什么，他都不会再来山里了。

山幸彦兴冲冲地驾船出海，拿着金鱼钩就急匆匆抛向大海，然而，没有任何鱼虾上钩，过了很久，他垂头丧气地提起鱼线，却发现金鱼钩不见了。大海茫茫，浪涛滚滚，到哪里去寻找？

山幸彦觉得没办法向哥哥交代，回到陆地上，熔化了心爱的宝剑，请人打造了一大堆鱼钩。海幸彦从山中回来，看到弟弟没有打到鱼，却带了一堆鱼钩给自己，他很困惑。

山幸彦　海幸彦

火远理命生活在山中，以狩猎为生，被人称为山幸彦；火照命生活在海边，以捕鱼为生，被称为海幸彦。山幸彦将捉到的飞禽走兽做成佳肴与哥哥分享，海幸彦将捕捞到的鱼虾蟹蚌做成美味与弟弟分享。

山幸彦很愧疚地告诉哥哥，他将金鱼钩弄丢了，想用这些鱼钩来弥补哥哥的损失。

海幸彦听后勃然大怒，那金鱼钩是特制的神物，用它才能在海中获得丰收。如今弄丢了，今后要以何为生？他又悲又怒，大骂弟弟，当初就不该违背天意，让弟弟无论如何也要找回金鱼钩。然后，海幸彦愤愤然离去，留下山幸彦孤单一个人。

山幸彦见哥哥不肯原谅自己，还逼自己去找回金鱼钩，伤心地在海边大哭起来。大海深不可测，到哪里去寻找金鱼钩？可如果找不到金鱼钩，兄弟之情可能就此断绝了。

正在山幸彦悲伤难过却又走投无路的时候，他听到几声鸟叫，似乎是十分痛苦地在呼救，山幸彦循声找去，发现一只被捆了翅膀和爪子的海鸥，正在海边岩石后悲鸣。

山幸彦放开了海鸥，任它自由飞走，这时，他的眼前出现了一位白发的老人。老人自称是海潮神盐椎神，他询问山幸彦为何一个人在海边哭泣。

山幸彦将自己和哥哥的纠纷说给老人听，老人却微微一笑，告诉他一个办法。

他挥了挥手，海岸边立刻长出了一簇茂密的竹子。老人用竹子做了一个十分结实的竹笼船，他让山幸彦坐在船上驾船出海。

山幸彦按照老人的指点，任竹船随波逐流，借着海流，漂向远方，待他看到一座用鱼鳞盖成的房屋时，便下了船。这便是海中的宫殿，里面住着海神绵津见和他美丽的女儿。

海潮神告诉山幸彦，要先沉入海底，然后，沿着海底的一条曲折蜿蜒的沙路前行，就可以看到一棵香桂树，长在龙宫的井边。山幸彦不知道为什么要这么做，却还是很听话地爬上香桂树，坐在其中一根粗壮的树枝上。

他刚刚坐好，海神的龙宫大门就打开了，一位俊俏的少女从里面盈盈走出，手里拿着玉杯，准备到龙宫门前的井中打水。从井水的倒影中，她隐隐约约看到了一个人影。少女惊讶地抬起头，看到香桂树上，一个少年正笑吟吟地看着她。

山幸彦灵活地跳下香桂树，脚步轻快地走到少女面前，向她讨水喝。

这少女并不是海神的女儿，只是她的侍女。她对山幸彦很有好感，就在玉杯中盛满了井中清泉，送给山幸彦。山幸彦却没有喝泉水，他摘下脖颈上悬挂的美玉，放入杯中，然后将杯子交还给侍女。

侍女看到杯中美玉，想拿出来，却无论如何也取不下来，那美玉仿佛已经与玉杯融为一体似的。

这玉杯原本是海神之女专用的杯子，现在被弄成这样，如何交差？侍女十分生气，一边责怪山幸彦，一边跑回龙宫，向海神的女儿禀报。

海神的女儿名为丰玉毗卖，看到侍女抱着玉杯，一脸焦急地跑进来，她十分诧异。

小侍女伶牙俐齿，噼里啪啦地将刚刚遇到山幸彦，山幸彦讨水，以及杯中之玉的事情告诉丰玉毗卖。丰玉毗卖听得有趣，又听说这个山幸彦长得十分英俊，就微微有些心动，当她接过杯子，看到杯中的美玉，立刻呆住了。

这玉莹润翠绿，光华闪烁，隐隐带着灵气，绝非凡品，应该是神明所佩之物。丰玉毗卖知道这少年一定很有来历，决定亲自去看看这位远方来客。

丰玉毗卖在龙宫的门前，偷偷看着那位等在香桂树下的少年，见他虽然眉宇间带着焦虑的神情，却丝毫不减丰神俊朗之气，不仅十分英武，还透着机敏与睿智。丰玉毗卖从心底喜欢上了这位少年，她转身走入龙宫，找到父亲绵津见，告诉他家里来了一位客人，是一个十分英俊有为的少年，也许是有事来求见的。

海神绵津见来到龙宫门前，一眼认出了这是天孙迩迩艺命之子，人称山幸彦，是苇原中国皇室的继承人之一。

他将山幸彦接入皇宫，大摆筵席，为山幸彦铺上厚厚的皮毡和棉垫，请山幸彦先入座，随后，又让女儿丰玉毗卖坐在山幸彦身边侍奉他饮酒。原来海神早已看出女儿眉眼中对山幸彦的情意，乐得成全这对少男少女。

山幸彦见到真正的海神女儿为她的美丽所倾倒，两人在席间借着美酒，推杯换盏，渐渐熟络，十分亲昵。

海神绵津见看到这一幕就推波助澜，最终将女儿许配给了山幸彦，山幸彦满心欢喜，与丰玉毗卖成就姻缘，两人情投意合，在龙宫里住了三年。

有一天，山幸彦望着水中的游鱼，回忆当年来龙宫的初衷。他想起了自己的哥哥海幸彦，也想起了当年弄丢了的金钩。由于思念家乡，山幸彦开始闷闷不乐，不管丰玉毗卖如何劝慰，他总是难以释怀。丰玉毗卖无计可施，泪水涟涟地去求父亲想办法。绵津见召来山幸彦，再三询问下，才知道他当年是为了寻找金钩才到了龙宫。绵津见听到山幸彦的心结，也不禁为他叹息，最终决定帮助他找到当年遗失的金钩。他向龙宫所有鱼神征集金钩的下落，终于在一条红嘴鲫鱼那里找回了金钩。绵津见知道此后再也无法将山幸彦留在龙宫了，十分担心他回去后的境遇，毕竟山幸彦多年未归，回家后可能会被哥哥欺负。他将金钩交给山幸彦，叹息一声，告诉他，这只金钩是个不祥之物，是一只承载着烦恼焦虑与愚蠢贫穷的鱼钩，叮咛他将金钩交还给哥哥时，一定要倒背着手交出鱼钩。还告诉山幸彦，要与哥哥分开种田，哥哥在山上，他就在山下，哥哥去山下，他就去山上。海神用降水之法，可以令山幸彦生活富足，令海幸彦颗粒无收。此外，他还给了山幸彦两颗宝珠，分别是涨潮珠与落潮珠。如果海幸彦在穷困潦倒之际向山幸彦发动攻击，就可以用这两颗宝珠解围。

在一番嘱咐后，绵津见又开始安排山幸彦的归程，最终决定用自己的坐骑——一寻鳄鱼送山幸彦返乡。

山幸彦流着泪与心爱的丰玉毗卖告别。他再次拜谢了海神绵津见，骑上一寻鳄鱼，踏上归乡之路。一寻鳄鱼在海上乘风破浪，选择最湍急的海流将山幸彦在一天之内送到了海岸边。

山幸彦望着大海感慨万千，解下随身的小佩刀挂在了鳄鱼的脖子上，让它告知丰玉毗卖和绵津见，自己一路平安。

山幸彦回到家，将金钩还给哥哥，但海幸彦依旧十分不待见他。于是山幸彦就上山种田，海幸彦看到弟弟丰收，也学着样子在山下种田。由于海神操纵着降水，山下的田地根本没有收成。海幸彦就跑到山上，霸占了山幸彦的田地。山幸彦没有与他计较，跑到山下继续种田，结果可想而知，这次轮到山上颗粒无收，山幸彦在山下的田地依旧是大丰收。

海幸彦由妒生怨，经常无事生非，对山幸彦连打带骂。山幸彦忍了几次，海幸彦却不依不饶，似乎无止无休。山幸彦忍无可忍，终于拿出了海神送给他的宝珠。涨潮珠一出，海幸彦立刻被滔天海水围困，他在海中挣扎良久，眼看就要命丧浪涛，于是，他向弟弟求饶呼救。山幸彦原本也只是想吓吓他，拿出了落潮珠，海水立刻就退却了，海幸彦得救了。

然而过了不久，海幸彦恶态复萌，又打骂弟弟。山幸彦再次拿出宝珠，如此几次，海幸彦终于服服帖帖，向弟弟告饶，并承诺世世代代侍奉弟弟这一支的族人。为了让族人记取教训，海幸彦还让后人编排祭祀舞蹈，以展现自己曾被海水围困的境遇进而警醒后人。

在海神的帮助下，山幸彦成为苇原中国实际意义上的主宰者。

自从山幸彦离开龙宫，丰玉毗卖日夜思念着他，终于辞别了父亲绵津见，来到苇原中国找到了山幸彦。此时她已经怀孕了，她不希望孩子在海中出生，而希望孩子诞生时，父亲能在他们母子身边陪伴。

山幸彦十分开心，他为丰玉毗卖在海边盖起了一座茅草产房，焦虑地等待妻子生产。丰玉毗卖却不希望他观看自己产子，因为她是海神之女，出生时会恢复原形。她怕吓到山幸彦，竭力将他推出产房门外。

山幸彦虽然人在外面，心中却充满期待，妻子的原身究竟是什么样的，他很想知道。于是，就在产房外透过门缝向内窥视。

他看到产房内一只巨大的鳄鱼痛苦地躺在地上，翻来滚去，哪还有那个美丽的龙女丰玉毗卖呢？

山幸彦吓得转身就跑，房中的丰玉毗卖又急又气，生下小孩后，即刻变成人身。她顾不得疲惫肮脏，终于追上了山幸彦，对他一顿责骂。

原来，丰玉毗卖此行不仅是来生子的，她也想帮助山幸彦打通海路，这样，他就能在陆地和海洋中往返无阻了。但是，山幸彦这种不守约定的行为让她感到莫大的耻辱。丰玉毗卖丢下孩子愤然离开了山幸彦，回到深海龙宫，她让鳄鱼们堵塞海路，让山幸彦无法去龙宫寻找她。

但回到龙宫的丰玉毗卖思前想后，还是心软了，即使再生山幸彦的气，孩子也是无辜的。她让自己的妹妹玉依毗卖去苇原中国为她照料孩子。

愧疚又后悔的山幸彦十分思念妻子，不久就去世了，他的儿子天津日高日子波限建鹈草葺不合命继承了他的事业，并娶了姨母玉依毗卖为妻，生下四个儿子，分别是五濑命、稻冰命、御毛沼命和神倭伊波礼毗古命。

很久以后，草葺不合命也去世了，他的小儿子神倭伊波礼毗古命继位，这就是日本的第一任天皇——神武天皇。

第四章

现人神

一、神武天皇

世界上认为皇帝就是神的国家并不少见。中国古代认为皇帝是天子，也就是昊天上帝之子，埃及的法老自称是太阳神阿蒙的儿子，印加帝国的君主认为自己是太阳神的后裔，而日本的天皇认为自己也是神子，是高天原天照大神的孙子下降到凡间的后裔，这种认神作父的现象在人类历史上屡见不鲜。

天地者，无形父母也。在蒙昧时代，人们认为有着神秘力量的自然，是生命诞生的根源，本质上是没错的。不过，把别人视作凡人，而将自己视为某某自然物体唯一的后裔，却只是统治者寻找自信并树立威信的普遍做法罢了。

日本天皇在古代被称为“现人神”，从第一位天皇神武天皇，到 125 代的明仁天皇，都用这种“天皇就是神”的说法影响着国人。日本的天皇自称是“万世一系”，和中国这种“皇帝轮流做明年到我家”的朝代更替还是很不同的，也铸就了两个民族不同的历史性格。

二战后，日本天皇曾经发表《凡人宣言》，由天皇宣称自己是人不是神，天皇虽然身份尊贵，但不再神圣，国际上也试图通过这种方式来驱散神道和迷信的魔力对这个国度在精神上的影响，避免神道中的侵略思想对其自身的蛊惑和对他国的伤害。

日本天皇的“现人神”神话，要从神武天皇的传说说起。

相传神武天皇与他的大哥五濑命曾经商量，要从哪里入手作为第一战场来实现统一苇原中国的大业，最终他们决定东征。他们一路经过很多波折，用了十几年到了速吸之门。这时，他们在海上看到一位奇人，这人坐在巨大的龟甲上钓鱼，还不时拍打着自己的羽翼。神武天皇觉得不可思议，便将这人收为臣僚，并赐给他一个名字——槁根津日子。

此人对这片海域十分熟悉，他作为航海向导，将大军引至浪速国，到达白肩津。而敌军摄津的登美能那贺须泥毗古，此时早已做好了迎战准备。双方经过一场大战，五濑命被敌军的流箭射穿了手臂，伤口一直不见好转，越来越严重，他这才反省错误，告诉神武天皇，作为日神的后裔，不应该往东朝着太阳作战，这等于是向身为太阳神的祖先宣战，我们应该向西征战。神武天皇听从了他的建议，开始从血沼海移向男之水门，让大军向南进行大幅度迂回。其间，五濑命伤重而死，葬在了纪伊国的灶山。

高天原的天照大神和高木神等诸神看得很着急，神武天皇简直是南辕北辙，向南的这条路上妖魔横行，十分凶险。天照大神将建御雷神找来质问，既然早已平定了苇原中国，为什么现在凡间还是乱成一团，让天神的子孙遭殃？他们让建御雷神再次出手，助神武天皇一臂之力。

这一次，建御雷神却没有下凡，他只是找了一把神刀，让熊野的高仓下之男带到凡间。

神武天皇率领大军继续南行，途经熊野村，忽然出现一头巨大的熊，这熊很快失去了踪影，而神武天皇和他的部下们却像中了迷药一样倒在地上，不省人事。高仓下之男唤醒神武天皇，将建御雷神让他转交的神刀送给了神武天皇，神武天皇用这把刀斩杀了熊野山的狂暴之神，此后，神武天皇的部下才纷纷醒来。

高仓下之男将高天原诸神的决议告诉了神武天皇，告诫他切不可继续向南方山区深入，那里有很多荒暴之神。高仓下之男放出八咫乌，为神武天皇引路。

神武天皇东征

神武天皇经过熊野，山高林密妖魔出行，无法辨认方向，高仓下之男让八咫乌为神武天皇指明道路，帮他避开荒暴之神。八咫乌也成为熊野本宫大社的神纹，得到世代供奉。

在宇陀，神武天皇遇到了宇迦斯、宇迦斯两兄弟率众与神武天皇的对抗。神武天皇派八咫乌招降他们，兄宇迦斯朝八咫乌放箭，回去集结军队与神武天皇作战未果。兄宇迦斯又想出一计，他建造一座宫殿，设下陷阱，诱导神武天皇前来，准备弄垮宫殿压死神武天皇。

弟宇迦斯与哥哥想法不同，他认为神武天皇既然是神子，就不应该对抗他。弟宇迦斯偷偷将哥哥的圈套告诉了神武天皇。神武天皇的大臣们将计就计，找来兄宇迦斯，逼着他进入即将垮塌的宫殿，杀了兄宇迦斯。弟宇迦斯与神武天皇修好，热情地接待了神武天皇的大军。

神武天皇到达忍坂大室，土云人准备伏击神武天皇。这个部族中人都有尾巴，他们准备在宴席上动手。神武天皇早已察觉，他先下手为强，让膳夫持刀杀掉了土云人。

此后，神武天皇的大军又与长髓彦大军鏖战，始终没办法分出胜负。这时，八咫乌再次出击，它振翅高空，在神武天皇大军上空盘旋，光芒刺目，让长髓彦的军队睁不开眼睛，没办法与神武天皇的大军战斗，节节败退，落荒而逃。当年五濑命死的时候，就是中了长髓彦军队的弓箭，神武天皇发誓为哥哥报仇，穷追不舍，要赶尽杀绝。长髓彦无奈终于亮出了自己的王牌。原来，他的妹婿是饶速日命，也是高天原神明的后裔（传说是那个被自己的箭射死的天若日子的后代），身上带着神器天羽羽矢和步靫。

神武天皇让饶速日命观看自己所持的三大神器——八咫镜、琼勾玉和草雉剑，饶速日命这才明白对方原来是天孙一系，更加正统，于是不再固执，表示臣服。但是，长髓彦由于与神武大军有过很多恩怨，不肯罢休。饶速日命屡次劝他他都不听，只能将偏执的长髓彦杀掉，归顺了神武天皇。

平定了叛乱，神武天皇终于在亩火的白梼原宫建立政权，开始治理大和国。他早先曾经娶了日向的阿比良比卖，生了两个庶子当艺志美美命和岐须美美命，后来又在大和的高佐士野，娶了比卖多多良伊须气余理比卖，生下了日子八井命、神八井耳命、神沼河耳命等三个嫡子。

神武天皇去世后，他的大儿子当艺志美美命娶了神武天皇的正妃伊须气余理比卖，不仅如此，还要杀掉伊须气余理比卖所生的孩子，以免他同父异母的弟弟们与他争夺皇位。伊须气余理比卖十分担心，用和歌的形式派人传递讯息给三个儿子：“亩火山上，朝有云起，夕有叶动，风起之兆。”也就是说，树欲静而风不止，他要动手了，你们要小心。

接到母亲的警告，三个儿子在一起筹划对策，神沼河耳命觉得不能再犹豫了，要先下手为强，劝他的哥哥神八井耳命去杀掉当艺志美美命。神八井耳命到了当场却浑身颤抖，一点力气也使不出来，神沼河耳命见状，夺过刀杀死了当艺志美美命。

神八井耳命十分惭愧，事后他自认为太懦弱，无法主宰天下，决意推举弟弟神沼河耳命当天皇，而自己退居后方，掌管祭祀之事。

从此，神沼河耳命成为第二任天皇，由于他神勇果敢，后世尊称他为“建沼河耳命”。

二、倭建命

在日本历史上，被称为“建”的，都是战神级别英武勇猛的人，现人神中，除了“建沼河耳命”，还有另一位有“建”的称呼的人，这就是倭建命，也就是日本武尊。

倭建命原名小碓命，又称小椎尊，是景行天皇的小儿子。景行天皇有八十多个儿子，其中只有三个有资格继承皇位，小碓命位列其中。

小碓命有个双胞胎哥哥叫大碓命，这人行事荒唐，非常没分寸。

有一次，景行天皇看上了大根王的两个女儿，想要召进宫中做妃子，就命令大碓命去将人接来。大碓命见到两个漂亮女孩，色胆包天，纳为己有，另找了两个年轻女子，滥竽充数送给父亲。天皇发觉不对，想询问大碓命，可他却根本不进宫，躲在自己的住处不肯出来。天皇没办法，就让小碓命去探查究竟。

小碓命到了大碓命住处，看到哥哥正和两个美女玩乐，怒从心头起，他潜伏在哥哥家中，趁着大碓命早上上厕所的时候，擒住哥哥，将其绑起来，砍掉手脚，用竹席包起来，扔进了茅厕，然后回去向天皇复命。

景行天皇没料到这个小子竟然这么暴戾，这要是留在身边，哪天惹怒了他，可是个大麻烦。于是，景行天皇便委以军权，命小碓命征伐四方。

小碓命首先去征伐的是西方的熊曾建兄弟，因为他们不服管束，又对朝廷无礼。

熊曾建兄弟在他们的大本营外面派了三层兵力把守，又在内部建起堡垒，好似铜墙铁壁，正面进攻实在难以攻破。

小碓命此时还只是个十五六岁的男孩，头上原本梳着一个少年人的瓢花发束。面对敌方的守势，小碓命决定智取。他散下头发，梳成少女发型，又将从叔母倭比卖那里借来的女人衣服穿上。他原本就生得清秀俊美，装扮成少女也是十分美貌。他将宝剑藏在宽大的衣裙中，准备完毕后，随着很多女孩混入熊曾建家里。

熊曾建兄弟从没见过这么漂亮的女孩，他们让小碓命坐在两兄弟中间，小碓命虚与委蛇，向他们频频敬酒。酒至半酣，小碓命忽然抽出藏匿的宝剑，揪住熊曾建哥哥的衣领，一剑刺入他的胸膛，转回身又刺向弟弟。弟弟急忙闪避，被小碓命刺中了屁股。

熊曾建弟弟落荒而逃，边逃边告饶，小碓命杀得兴起，不可能饶过求饶的敌人，将熊曾建弟弟也杀掉了。由于小碓命的骁勇，世人此后称他为倭建命。

倭建命西征得胜还朝，天皇欣喜之余不禁挠头，这小子江山易改本性难移，留在朝中还是不妥。没等倭建命在都城休整好，又命令他去东征，平定东方十二宫的荒暴神和其他叛乱部落。这次东征，景行天皇没有给他增加兵力，只是赐了一些无足轻重的武器给他。

倭建命没办法只好在出征前去参拜伊势神宫，祈祷自己此行能顺利平安，旗开得胜。他觉察天皇对他并不像一个父亲对亲生儿子那样爱惜，心中十分难过，于是去找叔母倭比卖诉苦。

倭比卖有着非凡的预言能力，她预料到倭建命此行凶多吉少，但君命不可违，而且天机不可泄露。于是，她送了倭建命两样东西，草雉剑和一个锦囊。她让倭建命一定要将这两样东西随身携带，并小心火患。倭建命觉得叔母的嘱托太奇怪，但还是将剑和锦囊收好，辞别了叔母，拿着父亲给他的杠谷木和八寻矛，踏上了向东的漫漫征途。

倭建命经尾张到东国，一路所向披靡，将东国本土大大小小的荒暴神明和叛乱者全部诛灭，随后，来到了武相国。

武相国的国造是个狡猾之人，他想杀掉倭建命，却苦于打不过，于是欺骗倭建命，说在原野还有一伙荒暴神，请倭建命去平定。倭建命信以为真，去了原野。武相国国造下令放火焚烧原野。火光四起，倭建命被围在火原中央。

倭建命想起临行前叔母的话，掏出草雉剑和锦囊。锦囊里却只有火石。足智多谋的倭建命立刻明白了，他用草雉剑将身周的草砍倒，再点燃倒在地面上的草。这样，他附近的火就只能在地面燃烧，化为灰烬，为他留出一块安全的地域，原野上火势再大，也烧不到他身边。等火灭了，倭建命逃出来，找到那个欺骗他的国造，杀掉后烧了他的尸体借以泄愤。

东征途中，倭建命和他的妻子弟橘比卖经过走水之海，当地海神也是荒暴之神，掀起了滔天巨浪，眼看倭建命的船就要倾覆，所有人都会葬身大海，弟橘比卖主动请命，自己献身给海神，以保全倭建命和东征大军。

弟橘比卖纵身沧海之后，风浪即刻平息，倭建命化险为夷，平安登陆，但弟橘比卖却再也回不来了，她的发梳漂到岸边，倭建命命人为她在此地建了陵墓，以寄哀思。

倭建命继续东征，征服了虾夷，打败关东各路荒神，用野蒜杀掉曾化身白鹿的足柄峠之神，他从山路走，途经甲斐国，最后到了伊吹山。

眼看东征即将接近尾声，不久就可以班师回朝，倭建命心中愉悦，对伊吹山不禁起了轻视之心。他傲慢地放言，自己就是空手也能征服伊吹山。此时，山中忽然出现了一头巨大的白色野猪。倭建命嘲笑那野猪，认为那野猪一定是山神的使者，先留它一条命，等回程再杀掉它。

白野猪却正是伊吹山神，他十分生气，使出法术降下冰雨。这冰雨铺天盖地，倭建命的大军无处躲藏，狼狈地逃到山脚下，喝了一些泉水才得以缓解。倭建命却开始生病，他双脚沉重，迈不开步，拄着拐杖在路上走，感觉足底发软，如同

倭建命

倭建命奉父亲景行天皇之命，征讨了西方的熊曾建兄弟，又进行东征，征服虾夷，横扫关东，经过甲斐，最后在伊吹山英年早逝。他智勇双全，为大和国开疆拓土，被奉为日本武尊。

缠绕在一起的三重钩，他疲惫异常地倒在地上，到了三重村就一病不起，终于气绝身亡。

他的妃子和儿女们焦急地赶到这里，恸哭失声。正在此时，倭建命忽然变成了一只天鹅，凌空而起，飞向了远方。

三、一言主神、住吉神与八幡神

现人神是人也是神，日本公认的现人神除了历代天皇，就是那些以人的形象出现，却有着神明之力的灵体。有死后被大众所信仰，变成神明的人，也有神巫、巫女。有的地方也把现人神称为荒人神。这些现人神到底是人还是神，何时是人，何时是神，很难界定。不过，在日本有一个简单的鉴定神明的标准，那就是信仰：只要有一群坚定持久的信仰者，不论被信仰的是人、鬼、妖、物品，甚或是自然现象，都可以成为神明，得到参拜与祭祀。

现人神用预言、谶纬、占卜的方式，向世间传达神谕，这就是所谓的言灵。日本最著名的三大现人神，是一言主神、住吉神和八幡神。

1. 一言主神

一言主神出现于雄略天皇在位之时，传说雄略天皇曾经带着仪仗到葛城（今天奈良县北的葛城郡），要登葛城山，他的随从威风凛凛，全都穿着整齐的青摺染、红衣带。

进入深山幽谷时，雄略天皇见到另一队人马也在登山。这些人无论是服饰还是排场，都与天皇的仪仗一模一样，同时也有着非凡的气派。雄略天皇和臣僚都十分惊讶，不知道这些人是什么来头。于是派人向对方喊话：“这个国家，除了我天皇，没有其他的君主，谁敢如此效仿我？”然而，对方也派使者喊话回来，那答话却是：“我才是这个国度的唯一君主，何人敢冒犯我？”雄略天皇大怒，令随从放箭，可对方也同样放箭过来。

雄略天皇这才觉出不妥，对方可能大有来头。他询问对方是何人，来自何处，毕竟如果开战，总要知己知彼。对方却回答，他是葛城的现人神，对好话坏话一

一言主神神社

一言主神是一位言灵神，人从口中发出请求，神明为这话语附着神性，从而创造奇迹，即使这些要求，只是“治愈牙疼”“找回丢失的猫咪”这样十分微小的愿望。

律直言不讳，名为一言主大神。

雄略天皇这才明白自己刚刚冒犯了神明，连忙下马表明了自己的身份，并且恭谨地将自己的大刀和弓箭献给一言主神。为了表示诚意和谦卑，雄略天皇还让自己的部下脱下服饰和装备，不敢再与神明同等排场，他将这些作为贡品，都呈给一言主神。

一言主神并未计较他此前的失礼，欣然接受。此后，他与天皇一同在林中狩猎，纵马在林间驰骋，射箭猎鹿，相处愉快。

天色将晚，雄略天皇即将返回，一言主神十分不舍，目送雄略天皇直到来目水河边。自此以后，人们都说雄略天皇是高尚有德，因此得到一言主神的青睐。

一言主神的神社设在葛城山麓奈良县御所市，葛木一言主神社至今仍然供奉着这位言灵之神。之所以称其为“一言主”，是因为他能接受他人的祈愿，无论这祈愿多么微不足道，哪怕只有短短的一句话，一言主神都会实现此愿。

不过，也有人因为一言主神的名字与事代主神相近，而认为这两个神明其实是一体的。事代主神是大国主的大儿子，就是当年建御雷神去逼宫之时，躲到扣翻的小船下面的那个懦弱的王子。他的另一个名字是“言代主神”，与一言主神近似。

一言主神在民间传说中是一位山中精灵，曾经被贺茂氏的神巫役小角所驱使束缚。役小角是后世阴阳师的鼻祖，他神通广大，在大和的金峰和葛木峰间架设了石桥，役使各路神明。一言主神将役小角的企图告知天皇。天皇派人捉拿役小角，并将其流放到伊豆国。一言主神从此获得自由，还得到供奉与祭祀。

在德岛县的葛城神社，一言主神又被当作护眼神侍奉，这源于另一个传说。第 39 代天皇天智天皇巡游九州时，一言主神陪同前行，却不慎坠落马下，伤了眼睛，在粟田的葛城神社中，一言主神用一口井的井水清洗眼睛，受伤的眼睛竟然痊愈了。

一言主神此前因为眼疾备受折磨，至此，他开始守护人们的眼睛，因此成了护眼神明。后世，人们在葛城神社中设置了“眼镜冢”，每年的 10 月 1 日前来供奉，作为“眼镜日”。这一祭祀行为是由当地商会组织的，所以商业意味更浓。

2. 住吉神

日本号称有八百万神，但神社比神还多。分布在日本的住吉神社有 2129 座之多，其中，福冈博多的住吉神已建立了有 1800 年之久，是日本最早的神社，也称“住吉本社”，或称“日本第一住吉宫”。福冈住吉神社、大阪住吉大社、下关住吉神社，合称为“日本三大住吉”。

如此多的住吉神社，里面究竟供奉着什么样的神明？

住吉神社中供奉的是住吉大神明，一共是三位神明，称为“住吉三神”，也称为“墨江之三大神”。这三位神明并不是无中生有，他们是三兄弟，为上古时期伊邪那岐与伊邪那美的孩子。伊邪那岐从黄泉归来，在海边进行禊祓，以洗净从黄泉带来的污浊之物。他钻入水底，生出了底筒之男命，在水中清洗时，生出中筒之男命，到了水面上，生出了上筒之男命，这三位大神都是海神，通常同时出现，即住吉大神明。

住吉大神既是保佑出海航行平安的海神与龙神，也是祛邪净化的神明，能够为人们洗去邪秽，带来吉祥。因此，住吉神受到了民间的广泛崇拜，事关人生大事的决定，都要来住吉神社举行仪式——生了孩子到住吉神社举行洗礼；传统的婚礼要在住吉神社举行仪式；找工作、升职之类的事，也要到住吉神社开运；如果近期运气不好，人们也会到住吉神社驱魔消灾。有些稍大的家族，居家大事小情，都会专门请住吉神社上门去举行祭典，进行决断。

住吉神社通常都建在较为清静幽玄的林木环绕之处，住吉神社所供奉的住吉神的形象，因地区不同也略有区别。下关住吉神社所供奉的住吉神是带有战争色彩的荒御魂的形象，表现出神明勇武愤怒的一面；大阪住吉神社的住吉神是和御魂的形象，慈祥亲和，宁静安然，让人感受愉悦而舒泰。

住吉神也广泛存在于日本的民间传说中，在《一寸法师》里，一对多年不孕不育的老夫妇，在向住吉神祈祷供奉后，就得到了一个男孩。虽然这个男孩只有一寸大小，可住吉神毕竟达成了老夫妇求子的愿望，回应了他们虔诚的信仰。

3. 八幡神

八幡神又称八幡大菩萨，是日本赫赫有名的战神，在日本的地位不亚于希腊神话中的阿瑞斯，罗马神话中的玛尔斯，北欧的提尔，印度的卡尔凯蒂耶。明代入侵中国沿海的倭寇在旗帜上写着“八幡大菩萨”，中国人也将倭寇叫作“八幡人”，将倭寇的船称为“八幡船”，所以，在明代时中国人就知道日本有这尊神了。

日本有 4 万多座八幡宫和八幡神社，其中，宇佐、石清水、鹤岗被称为日本三大八幡，宇佐神宫是总本社。八幡神在日本的信仰者广泛，是日本神道教中十分重要的一位神明。

八幡神起源于传说中的山幸彦一支，通常被称为八幡三神，也就是应神天皇、比卖神、神功皇后。

八幡三神中，比卖神的概念较为模糊，有人认为她是宗像三女神（素盏鸣尊天安河盟誓时斩断的十拳剑所生），也有人觉得她就是天照大神。不过，更多的人认为比卖神是弥生时代邪马台国的卑弥呼女王，她虽然身为凡人，却极具神秘色彩，或许就是天照大神的原型，是侍奉太阳神的巫女。她曾经因为日食而被国人杀害，此后国家陷入动荡与黑暗，直到下一任太阳巫女台与出现，国家才重新安定。这也是天之岩户传说的蓝本。

卑弥呼是在战火中登上王位的，当时日本有 30 多个小国征战不休，卑弥呼被推上王位时才 17 岁，她平定了纷争，在国内推行税制和身份制度，同时派难升米出使三国曹魏和新罗等国，建立邦交关系。传说卑弥呼是日本鬼道教的创始人，具有灵力，善于使用鬼道，能借此魅惑民众。平定内乱后卑弥呼并未参与政事，治国之事全都交给弟弟，她居住于深宫，不再抛头露面，这也与天照大神的传说十分相似。

更多日本人愿意相信八幡神是应神天皇。提到应神天皇，就不能不说说他的母亲神功皇后。

神功皇后是仲哀天皇的妻子，仲哀天皇是传说中东征的倭建命的儿子。神功皇后原名息长带比卖命，曾经随着仲哀天皇住在香椎宫。仲哀天皇准备征讨熊

神功皇后

神功皇后坚忍而聪慧，她听从神谕，怀着身孕，在神明的帮助下征服了新罗，又回国产子，同时平叛，用计谋除掉了香坂王和忍熊王。

袭，一边弹琴，一边占卜。神明恰好附在神功皇后身上，告诉天皇，西方有一个国度，那里有数不清的金银珠宝，应该去征服他们。

仲哀天皇登高远望，只看到西方一片茫茫大海，根本没有什么国家，于是，他对神谕无动于衷，并不再弹琴侍奉神明。

神明大怒，诅咒仲哀天皇，这位不听话的天皇很快就过世了。

群臣这才慌了，举行盛大的仪式进行占卜，原来出示神谕的竟然是住吉三神。住吉三神告诉他们，接下来将统治国家的，是神功皇后腹中的胎儿。神功皇后听从了神谕，决定率军征讨大海彼岸的新罗国。集结船只的时候，忽然刮起顺风，海中的鱼群也成群结队地聚集在船底驮着船，使日本的船队很快到达了新罗。

神功皇后收服了大海彼岸的新罗与百济，让新罗养马，将百济当仓库，在新罗国竖立住吉三神的神杖，让住吉神的荒魂镇守此地。

得胜回国的神功皇后顺利产下皇子，这就是应神天皇。此时，神功皇后发现国内有叛乱的苗头，她心生一计，让人做了一条丧船，假意将她亲生的皇子放在丧船上，诈称皇子已死。见此情形，蓄谋已久的香坂王与忍熊王纷纷起兵造反，准备杀了神功皇后，夺取大权。然而，在香坂王和忍熊王风风火火准备誓师狩猎的时候，一只巨大的红色野山猪突然出现将香坂王咬死。神功皇后又让人向忍熊王诈降，自折弓弦以示解除武装，却趁对方不备使用暗藏的新弦，杀死了忍熊王，取得了内战的胜利。

应神天皇本应出生在新罗国，但当年神功皇后为了让他名正言顺，硬是在腹部绑了块石头，压住胎气，回到日本才生下孩子。虽然应神天皇没有直接参与日本对朝鲜的战争，也没有平定内乱，但他在娘胎里就被神明认定是国家安定后的统治者，因此，战神八幡神的神位上，也有他的名号，他也被后世的日本人称为“胎中天皇”。

在钦明天皇时代，八幡神是锻冶之神，此后，因为神功皇后母子的事迹，八幡神曾经被作为母子神而祭奠。到了平安时代，八幡三神、八幡大菩萨，被视为日本天皇的守护神，尤其是源氏武士，将八幡神作为氏族之神。八幡神宫地位可与伊势神宫比肩，类似于国家宗庙，受到历代天皇与朝臣的参拜。

第五章
怨灵神

一、菅原道真

每到考试季节，日本的天满宫就汇聚了来自各地的考生祈求考试顺利通过。天满宫的主神菅原道真是日本历史上真实存在过的名人。

菅原道真是日本平安时代的公卿学者，曾经官拜右大臣，学富五车，为人正直，后来遭到陷害，死在流放途中。这样的一个人，是如何成为学问之神和雷神的呢？

江户时代，菅原道真的学问品行和悲剧故事，被编写成净琉璃歌舞伎剧在舞台上演绎，这就是至今仍在日本流传的《菅原传授手习鉴》，它与《义经千本樱》《假名手本忠臣藏》并称为日本净琉璃三大杰作。

《菅原传授手习鉴》是以菅原道真和泰昌之变为题材的净琉璃故事，净琉璃也就是人偶歌舞伎剧，到现代，已经变为真人演绎。这部剧从诞生到现在已经有 260 年的历史了，依旧在舞台上长盛不衰，日本人可能不知道历届天皇是谁，但每一位当过学生的，都知道菅原道真和天满宫，为了升学和不挂科，拜考神是天经地义的。

菅原道真

平安时代日本的学问之神菅原道真，不仅学识渊博，而且精通书法。由于他死后发生清凉殿落雷事件，所以他又被称为雷神。在日本民间，菅公是一位赫赫有名的文化神。

《菅原传授手习鉴》中的两大对手，是菅丞相与右丞相藤原时平，其中的忠奸之斗、皇权之争、父子兄弟反目、恩怨情仇纠葛，与中国的《赵氏孤儿》极其相似。故事的导火索是唐徽宗派使者来给天皇绘画御像。唐徽宗想见见天皇，但是又不能本人亲自漂洋过海来个一期一会，只好派画师来日本画像，看看天皇长相聊寄相思。很不凑巧，天皇生了病不能久坐，无法当模特，只好找个替身。

当时朝臣分为两派，一派是菅原道真和斋世亲王代表的忠良派，一派是藤原时平代表的奸佞派。在画像事件中，藤原时平充分表现了他作为奸臣的基本素质，他毛遂自荐，要当皇帝的替身。菅原道真极力反对，其一，藤原时平和皇家人相貌相去甚远，让唐皇帝把一个大臣当天皇想象，成何体统？其二，斋世亲王作为皇家子弟，做替身模特符合规矩。

最后，天皇让菅原道真安排画像之事，斋世亲王合理地成了天皇的替身模特。结果，菅原道真不仅得罪了藤原时平，也让天皇心中埋下了猜忌的种子。与此同时，菅原道真的内部阵营也开始分化，菅原道真手下的白大夫有三个儿子——梅王丸、松王丸和樱丸，他们得到了菅丞相的赐名，成为车夫兼保镖，分别跟随了菅丞相、藤原时平和斋世亲王，从此走上了不同的人生道路。

菅原道真是个非常稳重的人，每日忙于政务和书道，却没想到飞来横祸。他的养女苅屋姬和斋世亲王暗暗相恋。自由恋爱本来没什么，但他们的身份太敏感。藤原时平一直在伺机报复，终于抓住这个机会，将菅原道真和斋世亲王扯在一起，硬说他们内外勾结，结党营私，意图谋反。

谋反这个词太恐怖了，天皇根本就没心思辨别真伪，政治斗争向来是你死我活，不管是不是真谋反，将可能的威胁消灭于萌芽才是当务之急。最终，菅原道真和斋世亲王双双获罪，都成了反贼。菅原道真被流放到九州筑紫地区，幸得梅王丸与弟子武部源藏的保护；斋世亲王则被樱丸保护着，与苅屋姬一起到了河内国土师，也就是苅屋姬的生母家中。菅原道真在流放途中也恰巧到了此处。苅屋姬希望能见养父一面，但是这会给双方甚至斋世亲王带来杀身之祸。因此，菅原道真雕了一个自己的木像给苅屋姬后离开了此地。

藤原时平扳倒了权力之路上的两大绊脚石，却没有收手。斩草必除根，他又勾结菅原道真流放途中的地方势力土师兵试图除掉菅原道真。然而，菅原道真已被押解官保护着先行离开，土师兵到了苅屋姬生母家，只是砍了菅原道真的木像就回去复命了。

菅原道真逃过一劫，他的部下们却忍无可忍。梅王丸和樱王丸前去行刺藤原时平，却被松王丸阻止了。随后樱王丸在质疑声中促成了斋世亲王与苅屋姬的姻缘，给斋世亲王带来杀身大祸，害死了亲王，樱王丸也因愧疚而自我了断了。

菅原道真终于到了流放的目的地九州，他举目无亲，又是戴罪之身，十分痛苦。值此之际，他做了一个美梦，自己庭院中的梅树一夜之间飞到九州来陪伴他。第二天，梅王丸来了，同时，噩耗也来了，藤原时平谋反了，斋世亲王死去了。藤原时平在朝中独揽大权，法皇、天皇全被囚禁。

无可奈何，满腔仇恨的菅原道真用自己的生命作为祭奠，自杀身亡，换来死后成为怨灵的力量。他抛却人身，变成雷神，飞向帝都，携着怨恨的乌云与愤怒的雷火，寻找藤原时平，要为自己、斋世亲王和天皇复仇。

菅原道真死去的消息让藤原时平放心，他继续清算菅原道真的残党。菅原道真之子，幼年的菅秀才是他的下一个目标。此时，菅秀才被菅原道真的弟子武部源藏保护起来，与松王丸的儿子小太郎一起就读于武部源藏的私塾。

松王丸自上次阻止了行刺事件后，一直想寻找机会赎罪，他故意将小太郎放在菅秀才身边来保护菅秀才。最终，他用自己的亲儿子小太郎冒充菅秀才，砍下小太郎的脑袋交给藤原时平，保全了菅秀才。

菅秀才与姐姐苅屋姬会合后，开始联手组织力量讨伐藤原时平。而此时的藤原时平正焦头烂额，他在京城并没有享受到天皇般优渥的生活，却每日被菅原道真和樱王丸的怨灵追杀。菅原道真的雷霆每天在他头顶上空盘旋，还劈死了他的部下，令他惶惶不可终日。内忧外患折磨着他，最终藤原时平在两下夹击中一命呜呼。

恢复了权位的天皇不仅为菅原道真平反，还封他为“天满大自在天神”，因此，菅原道真不仅是雷神、学问之神，也成为当时京城的守护神。此外，他还是一位商业神，在日本中世纪，工商业渐渐兴起，工商业者对农耕神大国主神并不认同，需要自己本行业的商业神。而当时藤原氏压制工商业发展，作为他的反对派，怨灵神菅原道真就成了工商业者们心中的神明，最终成为日本本土的商业神。

二、平将门

东京都千代田区大手町有一个将门首冢，“将门”是日本历史上有名的叛将——平将门。将门首冢，是平安时代当局为了平息平将门怨灵而建造的镇魂所在。中国古代竖碑立墓，通常都是为了值得尊重的文臣武将，或者堪称楷模的名人圣贤，而在日本，很多怨灵都有自己的碑冢，甚至神宫、神社。由此可见，日本人对于神的理解与中国不同，尤其在真人神方面，由畏生敬，也是某些怨灵成神的缘由。

提到平将门，可以为他贴上这样几个标签，“刀枪不入”“新皇”“影武”“飞首”“怨灵”等等，这人确实深藏不露——生得神秘，死得离奇，并且无论生死，都是翻天覆地、震慑朝野。

平将门生在日本平安时代，是关东平氏平良将的儿子，他幼年便气度不凡，青年时代勇武彪悍，后去京都谋职，却因奔父丧而失去晋升机会，只能在老家继承父亲的家业。好景不长，平将门与当地家族源氏在争夺土地时展开战斗，杀了自己的大伯，赶跑了二伯，被朱雀天皇叫去训话。因为种种机缘天皇并没有责罚他，反而放他归去。天皇的这一行为引起了他对皇权的轻视。他摆脱仇家的追杀回到关东，联络各国掀起战争。局势如燎原之火，一度让天皇的统治岌岌可危。平将门自立为新皇，要与天皇分庭抗礼。然而没过多久，平将门在与宿敌平贞盛和藤原秀乡的北山决战中被杀，首级被砍下，叛乱也被平息。

平将门的神话首先源自他的母亲。很多日本神话人物与中国如出一辙，总是能找出一些血统论的根源，比如安倍晴明的母亲是狐狸，而平将门的母亲是一条蛇。日本山林茂密，自古就有蛇崇拜习俗，最著名的就是八岐大蛇。在日本神话中，“大蛇”也是“龙”的别称，因此平将门的母亲又是龙母。无论龙还是大蛇，都有神性，因而平将门的母亲也法术高超。

在平将门出生后的第三天，这位龙母化身巨龙，舔遍平将门的身体，借助

平将门

平将门是日本历史上唯一一个公然反叛天皇，自立皇号的人。平安时期的平将门，从关东掀起战火，以摧枯拉朽之势使战火席卷八国，他打着八幡大菩萨的旗号，借着菅原道真的名义，自称皇统荫孙，自立为新天皇，发誓诛讨无道天皇与弄臣藤原氏，还百姓太平盛世。

龙涎的妖力，使平将门刀枪不入，水火不侵。然而，只有一处没有舔到，那就是额头（也有说法是太阳穴）。这一处空门，最终也成了平将门的致命弱点。这种传神的说法，有点类似希腊神话中的阿喀琉斯，传说他的母亲是仙女忒提斯，她曾将刚生下来的阿喀琉斯倒提着浸入冥河，只有手抓着的脚跟处没有浸到，就因为这个弱点，阿喀琉斯这位英雄在特洛伊战争中被人射到后脚跟，最终死去，这就是著名的“阿喀琉斯之踵”。而平将门的额头，是日本神话中的“阿喀琉斯之踵”。

具备这种高强的防御属性，平将门勇往直前，战无不胜，即使是与他青年时代经历很相似的堂兄平贞盛，在武力上都无法与他匹敌。在平安时代，平将门在战场上几乎可以横着走，一时间成为足以与天皇抗衡的反派大魔王。

平将门创造了一个纪录，他是日本自有天皇以来，第一个也是唯一一个反叛天皇、自立皇号的人。在日本，反对幕府，或者反对幕府而发动战争都不是稀奇事，而与天皇对着干，并一犟到底自立为天皇的，只有平将门一人。在日本历史上，平将门死后，最初被定为叛臣，到了近代的革命时代，平将门居然像北欧的洛奇一样，成为逆天而行的神明。与平将门相似的神话人物，还有一位天草四郎，他因信奉天主教而遭到德川幕府的镇压。日本天皇的正统理论根基是神道教，天主教与神道教的不同，注定了天草四郎从根本上否定天皇制度的神性，与天皇唱对台戏。天草四郎也因为宗教斗争而被传得神乎其神，只是与平将门比起来，缺少了那种“皇帝轮流做，明年到我家”的霸气。

面对平将门如此的嚣张，天皇和幕府在正面战场无法取胜，只好暗地里动作。这时，平将门的母亲又发挥了作用。她早年传授了平将门一种秘术，使其成为“影武者”。平将门可以为自己幻化出六个替身，替身被杀，平将门本人依旧安然无恙。

影子武士的做法在后来的战国时代被广泛应用，很多领主雇用与自己相似的影武者当替身，最有名的莫过于德川家康的影武者传说。传说真正的德川家康在大阪夏之阵之时就被真田信繁杀死，后来的德川家康是影武者假扮的。

平将门勇猛无双，又能够借助神明之力，刀枪不入，还用影武者，简直如同天神，按理说直捣京城，取天皇之位而代之是有可能的。只可惜一代枭雄，终究难过美人关——平将门最喜欢的女子桔梗前是个间谍。

桔梗前的哥哥是藤原秀乡，也就是别名称作“表藤太”的下野国押领使（关东地区的县级警备司令官）。藤原秀乡和平贞盛联合在一起，是平将门的死敌。将敌人的至亲放在自己身边，平将门不是太大意，就是太骄傲，这也直接导致了他后来的灭亡。

桔梗前将平将门的秘密告诉哥哥，藤原秀乡因此掌握了平将门的诸多致命弱点。平将门的真身在清晨有影子，进餐的时候有咀嚼的动作，天寒的时候会哈气。而影武者有的躲在南天竹里做斥候，有的潜伏在苏铁上做护卫。此外，成田不动神明的护身符可以破解影武者的分身。通过这些信息，藤原秀乡破了平将门的分身，最终逆转了战局。而他的同盟平贞盛也在桔梗前的提示下，掌握了平将门的命门，杀死了平将门，砍下他的首级悬挂了起来。

故事到这里才刚刚开始。平将门生前虽然厉害，但他死后才真正成神。

就在平将门死去的当晚，美女间谍桔梗前七窍流血死于非命，此后怪事就开始一发不可收拾。很快平将门的尸体无缘无故失踪，平贞盛和藤原秀乡只看到留下来的首级，圆睁二目，而这首级居然还能说话：“不就是砍掉我的脑袋吗？我不会让你们得意的，我要永远诅咒你们！”

平贞盛不敢怠慢，连忙将首级上交，最后呈给朱雀天皇。原本剿灭反贼，朱雀天皇的心情雀跃，但看到木盒子里平将门的脑袋时，立刻吓得魂不附体。平将门的首级怒发冲冠、咬牙切齿，和活着时候一样。满朝公卿吓坏了，朱雀天皇很快就一病不起，差点一命呜呼。

权臣藤原中平是平将门最初侍奉的老长官，他觉得这颗头煞气太重，需要驱邪，便将平将门的头悬挂在热闹繁华的东市，以人气去戾气。但这并未压服平将门的亡灵，反而让东市也开始闹鬼，很多人在晚上看到身着盔甲的幽灵围绕着平将门的首级大笑，见到的人全都被吓得病倒。与此同时，平将门老家坂东下总国也传来诡异的说法，平将门的身体再次出现，满大街寻找自己的脑袋。

这还不够神奇，半个月后的某一天，光天化日之下的闹市区，平将门的首级一声怒吼，一飞冲天，朝着他的老家坂东下总国飞去，吓得满街的人抱头鼠窜。

故事到这里，很多人会觉得熟悉——《三国演义》中的关羽也是被砍下首级，而直接杀死他的吕蒙被关羽怨魂缠索，七窍流血而亡。

平将门的头一路东行，到了武藏国的鸟越，终于落下来。当局此时才意识到问题的严重性，虽然暂时落下，但不知道什么时候又会乱飞。平将门不是普通人，他是禀赋神性出生的。为了平息平将门的怨气，告慰英灵，朝廷开始为平将门修建神社，配享香火。

首先是在东京都千代田区建起将门首冢。当然，既然有首冢，就会有胴冢，当年平将门散落在各地的部下们也为平将门建起了各种神社。后来到醍醐天皇的时候，神田明神社发生怪事，忽然隆起的土堆上遭雷霆一击，出现了一个裂缝，内部是一个巨大的坟冢，无棺无椁，也没有尸体与遗物。有很多人看到伴随坟冢出现了巨大的武者的影像。人们都说，平将门的怨灵又来作祟了。这事持续了多年，到德川幕府时代重建了神田明神社。据说是因为德川家康在占卜中发现平将门作祟的可能，故借此告慰其怨灵。

神田明神社建立之后，平将门被德川家光从千代田迁到了神田明神社，成为神田明神之一，是仅次于大国主神、惠比寿神的第三顺位祭祀神明。这位新鲜的神明，受到了江户百姓的热烈欢迎，香火不断。因为在逆转天下局势的关原之战前，德川家曾在神田明神社祭祀，结果被认为是灵验的，因此平将门也得到了武力起家的德川家的世代尊崇。

至此，平将门已不再是昔日的反贼形象，他一路洗白，走上神坛，到了宽文三年，连天皇都不得不赦免平将门的谋反罪。这个曾经的叛逆平将门让天皇都不得不低头参拜，明治天皇在神田明神社的祭祀活动使他得到了皇室的认可。

不过在变革时代，并不是天皇认可就够了。新的内阁受到时代洗礼，并没有太在意这些传统的神鬼传说，他们在将门首冢所在的三上藩建了大藏省官厅，将门首冢被挤得只剩弹丸之地。结果不久就发生了关东大地震，这场地震来得突然，让人猝不及防，将门首冢也在这次地震中裂开了。当局并没有注意到问题，反而覆盖了将门首冢，在此之上修建大藏省的新官厅。可怕的是，官员搬进去后，相继生病死亡，还有很多人在官厅中看到不干净的东西，继而落荒而逃。一时间谣言四起，平将门再次作祟，人心惟危。当局的若槻礼一郎下台多少受此影响。新上台的田中义一很重视这件事，拜托神田明神社对平将门进行慰灵祭。然而并没有什么用，田中也下了台，不久后郁郁而终。诚然这与当时的全球经济、日本政局和东北亚战事分不开，不过百姓并不懂这些，都认为田中首相受到平将门怨灵的牵连，谣言弥漫，整个东京都笼罩在怨灵作祟的阴影中。

二战后，美国接管日本，鬼使神差地看中了这块多事之丘，在将门首冢的原址上修建了停车场。此后又是一系列的灵异事件，停车场的工程人员暴毙，设计师坠楼，美军军官车祸，东京再次谣言涌动，平将门的怨灵又回来了。美军虽然生猛，毕竟对鬼神也有敬畏之心，最终停止了在将门首冢上的工程，将土地转售给东京人。将门首冢被重修，并进行了慰灵祭，还得到了官方保护修复的补助。

将门首冢每次迁徙，必然要掀起一番风浪，而平将门的出生与菅原道真的去世，正好时间交叉，因此也有人认为，平将门就是菅原道真转世，最终这二人都成为京城名义上的守护神。在日本学界，平将门事件被很多人认为是日本古代与中世纪的分界。平将门对于天皇和皇室的挑战，被视为以下克上，是东国下层对中央贵族阶层的抗争。作为落魄豪族中的反骨分子，平将门眼见东国的民不聊生与京城贵族的纸醉金迷，顺应了民意，揭竿而起，一呼百应，所向披靡。平将门自称“新皇”，自下而上进行阶层洗牌的精神，鼓舞了很多中下层武士，为后来战国时代“天下布武”的思想埋下了一颗火种。

为了征讨平将门，皇室曾下令杀平将门者，无论出身如何均可获得晋升，跻身贵族行列，这就将森严的阶层体系撕裂了一个口子，为下层武士通过军功向上层流动打开了通道。

时至今日，在东京大手町一丁目一番热闹的商业街区中，依旧留存着一处静谧而神玄的所在，以作祟而受到祭拜的平将门，其首冢被民间供奉着，来往者络绎不绝。在平将门的故乡，被当成“国王大神”崇拜的平将门，享受着东国国王级别的待遇。祭祀时，连小学生都要学会打神拍子，纪念这位为了东国民生逆天而行的不朽英灵。

三、早良亲王

“我恨天皇无绝期”，是日本电影《阴阳师》中，芦屋道满唤醒早良亲王的咒语。日本有八百万神，早良亲王作为日本四大怨灵之一，在日本神灵史上，也是极度令人敬畏的。他的传说，与三座都城密不可分——平城京、长冈京和平安京。早良亲王的怨灵，曾笼罩在长冈京与平安京上方，令整个京城阴云密布，天地失色，并开了平安时代鬼怪传说的先河。

早良亲王是光仁天皇的儿子。光仁天皇有两个儿子，大儿子山部亲王，二儿子早良亲王，光仁天皇按照传统，让大儿子山部亲王做了天皇，小儿子早良亲王做了太子，看起来不偏不倚，然而，这种兄终弟及的设定过于理想化，导致了非常悲惨的结局。

早良亲王早期在寺院里生活，虽清苦却也平安，但他的安稳人生还是被打破了，由于被卷入政治漩涡，最终落得身败名裂，惨死流放之地。他的兄长桓武亲王的命运也颇为离奇——曾因为父亲光仁天皇与皇后打赌而与皇后有染。桓武天皇的儿子安殿亲王又与自己的丈母娘有着暧昧之情。与这两位相比，早良亲王是非常干净的，也得到了很多贵族的支持。

最初，桓武天皇和早良亲王各自壮大自身的政治势力。桓武天皇自不必说，作为太子的早良亲王，早晚要登基，不能不早点进行政治实习，所以周围也有属于自己的政客与僚属。以藤原种继为代表的“保皇派”，是桓武天皇的忠实支持者；以大伴家持为首的“太子派”，则维护早良亲王。大伴家持不仅出身名门，且才高八斗，一向不大看得惯桓武天皇，曾吟诗道“霍公鸟，いとねたけくは，橘の，花散るときに，来鸣き响むる”，意思是“这只可恶的杜鹃鸟，花都凋谢了，却来叫个不停”，以此倾诉良禽择木而栖的心情。他所择的“木”就是早良亲王。

桓武天皇也看大伴家持不顺眼，觉得他经常在朝堂吵吵闹闹，十分讨人嫌，找了个理由将大伴家持流放到了虾夷。大伴家持心情郁闷，再加上生存环境恶劣，于是不久人就死在了异乡。这对早良亲王的打击很大，但祸不单行，早良亲王与桓武天皇最大的分歧在迁都一事上。其时首都为平城京。早年日本的京城并不固定，平城京是第一个较为稳定的京城，持续了70多年。由于建都仓促，选址有问题，很多公共设施都很欠缺，因此桓武天皇希望迁都长冈京。而早良亲王反对这个决议，并且指出了长冈京的很多缺点。

桓武天皇原本就对早良亲王十分忌讳，而此次对弟弟的异议也十分不爽，他觉得早良亲王之所以反对迁都是有私心的，因为当时平城京的贵族很多是站在这个未来的太子一方的。桓武天皇不顾早良亲王的反对，让藤原种继着手营造长冈京。然而，藤原种继却死在了长冈京——就在大伴家持死后不久，一支利箭射中了藤原种继的心脏。

虽然并没有明确的证据证明藤原种继是早良亲王派人刺杀的，但此前早良亲王曾因藤原种继在朝内势力强大劝谏兄长早日除掉这个祸端，与藤原种继结怨。此外，大伴家持之死以及对迁都长冈京事宜的反对，更增添了早良亲王为幕后主使者的嫌疑。虽然凶手供认自己是大伴家持的追随者，但桓武天皇此时需要的事实是：早良亲王指使人杀死藤原种继，企图阻止迁都长冈京。

事已至此，真相已经不重要了。早良亲王很快就被囚禁在长冈京的乙训寺，原本站在太子一方的贵族，不是被剪除，就是倒戈另一阵营。早良亲王哭着喊冤，却根本得不到申诉的机会，他悲伤至极，为了表明自己的清白，绝食十日。桓武天皇并不在乎，依旧将早良亲王流放淡路岛。早良亲王原本就十分虚弱，再加上伤心、恐惧、焦虑，还没到淡路岛，就死在了淀川高濑桥畔。

早良亲王之死，并没有得到哥哥的怜悯，桓武天皇心如铁石，硬是将早良亲王的尸体继续流放到了淡路岛，按照罪臣的待遇下葬。

之所以将早良亲王打击到如此地步，桓武天皇考虑的不只是迁都分歧，本质上还是皇位之争。桓武天皇有儿子，而早良亲王的存在就成了一块极大的绊脚石。早良亲王死去不久，桓武天皇的儿子安殿亲王就成为太子，占据了原本属于早良亲王的位置。

除去了大伴家持、早良亲王，迁都长冈京，让儿子登上储君位的桓武天皇，一切夙愿达成，功德圆满，谁能想到乐极生悲，早良亲王的悲剧已经结束，而恒武天皇的悲剧才刚刚开始。

桓武天皇与藤原家过从甚密，他娶了藤原家的很多女人，安殿亲王也有藤原家的血脉。立太子不久，出身藤原家的桓武天皇的丈母娘，以及桓武天皇的宠妃、皇后、妃子，宫内几个姓藤原的有地位的女人，先后病倒，很快就去世，此后，宫中不断有人死去，全都是猝死，并且毫无征兆，找不到原因。

身边人的死去，让桓武天皇无法接受，他心胆俱寒，下一个会不会轮到自己？在那个蒙昧的时代，这种诡异事件通常都会被归咎于怨灵作祟。当时最大的怨念来自于被冤枉流放惨死淡路岛的早良亲王。

此后不久，新太子安殿亲王也病倒了，并且势头凶猛，无药可医，奄奄一息。

桓武天皇再也无法坐视，这一定是早良亲王的报复，而这种报复，比报应在自己身上还要恐怖。为了平息早良亲王的怨念与愤怒，拯救自己的儿子，桓武天皇亲自带领一众臣子，远赴淡路岛为弟弟早良亲王扫墓。这次扫墓虽然表明了桓武天皇的愧疚，但早良亲王并没有得到实惠，他依旧是罪臣，坟茔还在流放之岛，桓武天皇这种象征性、仪式化的凭吊，只是走个形式，没有任何意义，早良亲王的怨灵越发愤怒，随之而来的就是持续不断的祸事：瘟疫、火灾、大旱连续来袭。皇帝动用了阴阳寮进行占卜，最终确定是早良亲王作祟。桓武亲王不敢怠慢，立刻重修早良亲王墓地，禁止在周边杀生，以减少怨气的聚集。但灾祸仍在持续，一场大水，将长冈京淹没，水退之后，昔日繁华的新都城一片狼藉。早良亲王似乎在借天意来印证当初自己阻止兄长迁都长冈京的先见之明。

桓武天皇一筹莫展。他的后宫笼罩着死亡的阴影，最疼爱的儿子安殿亲王也病入膏肓，踌躇满志建成的新都被瘟疫、火灾、大水弄得一塌糊涂，一副萧条破败之态。

桓武天皇终于下定决心，做了两个今天看来是正确的决定。

第一，迁都平安京。平安京寓意“平安乐土”，象征着平安、吉利、安宁与和平。平安京由朱雀、玄武、苍龙、白虎四圣兽守护，能镇所有冤魂怨灵，封印邪祟之气。即使如此，早良亲王强大的怨气依旧追魂索命，桓武天皇的宠妃与皇太妃又相继猝死，平安京附近的富士山也觉醒了，喷了一个多月的火山灰，新京城的上空笼罩着浓重的雾霾。

于是，桓武天皇又做了第二个决定，为早良亲王平反昭雪，不仅向弟弟认错，洗脱他的罪过，赦免当年太子派的罪臣们，还追封早良亲王为崇道天皇，为他大建陵寝，将他移葬在大和国，修建了灵安寺。早良亲王在淀川去世的日子，也被定为国忌日。

如此这般措施之下，早良亲王的怨灵才渐渐得到平息。

四、崇德天皇

在日本有三大妖怪之说，即酒吞童子、玉藻前、大天狗。酒吞和玉藻前原本都是妖神，大天狗则是由人变的。此人就是日本历史上著名的保元之乱的主角——崇德天皇。在日本，大天狗的形象是身材高大的武士，穿着盔甲，披着蓑衣，手里拿着团扇，踏着高脚木屐，配着武士刀，它的背后生出双翼，有着高高的红鼻子和鸟喙，行动诡秘，神情高傲，让人很难将它与看起来斯文的天皇联系起来。但崇德天皇的怨灵，确实被日本人视为大天狗的前身。

人死为灵，这灵要是死时怀着怨念，就会变成怨灵，如果怨气是对着某个人也就罢了，但怨气大了，直接危害社会，就成为“祟”。成为“祟”的怨灵，如果形成一定规模，就会带来水灾、火灾、瘟疫，干扰民生，而国家就会出面镇慰怨灵，平息其怒火，为其加封官爵，按照神明的待遇进行供奉，从而使“怨灵”变成有益于民的“御灵”，也由此，日本产生了将怨灵当成神明崇拜的御灵信仰。

平安时代晚期的崇德天皇，遭遇与早良亲王类似，都是政治斗争失败后含恨而终，从而成为日本四大怨灵三大妖怪之一。

崇德天皇所处的时代是日本皇室关系较为混乱的时代，据传，他是白河法皇与自己的孙子鸟羽天皇的妻子待贤门院所生，因为日本兄终弟及的天皇继承制度，有皇位继承权的先后有鸟羽天皇的儿子体仁亲王（近卫天皇），崇德天皇的儿子重仁亲王，美福门院的儿子守仁亲王，最后由守仁亲王的父亲雅仁亲王登基，做了后白河天皇。

由于崇德天皇与鸟羽天皇的矛盾，他被架空，最终没有资格组成自己的院政，也就失去了掌握实权的机会。在鸟羽法皇去世后，崇德天皇与当政的后白河天皇关系恶化，一时谣言四起，认为崇德天皇勾结左大臣藤原赖长企图谋反。最终在保元之乱中被后白河天皇镇压，藤原赖长死去，崇德天皇遭到流放，被软禁在赞岐国，人称赞岐院。从此被囚居 8 年，年仅 46 岁就死去了。

那么崇德天皇又是如何变成怨灵，继而成神的呢？

被流放到赞岐国的崇德天皇每天都在反省自己，当年一改朝纲，争取权位的野心已经在长期的软禁中被消磨殆尽，此时的他思念京都，想回到自己的故乡，更想得到自由。仅仅是能够洗脱罪名回到京城过平淡的日子，他就心满意足了。

崇德天皇每日礼佛，抄写经文，并用自己的血抄写了五部大乘经《法华经》《华严经》《涅槃经》《大集经》《大品般若经》，历时三年，来表示自己的悔过和为天皇祈福之心。后白河天皇根本不信，还被这么多血书吓了一跳，认为崇德天皇一定有所图谋，怕是在经文中诅咒自己，将崇德天皇呕心沥血写的经书全都退还。

原本一片诚心写经文的崇德天皇被当头泼了一盆凉水。这样看来，他重回京城的梦想永远破灭了，余生将在流放地被软禁到死。一腔愤懑的崇德天皇绝望了，至此，他对天皇恨之入骨，却又无力报复。凄风苦雨中，他将亲手写的五部大乘经抛入大海，咬牙切齿地向天发愿："愿为日本之大魔缘，扰乱天下，以五部大乘经，回向恶道。取民为皇，取皇为民。"他原本是天潢贵胄，却一朝沦为罪人，原本想借写经书来消业赎罪，却没有得到宽恕与原谅，此生永无出头之日，便一念成魔，甘愿堕入黑暗，变为邪恶怨灵，诅咒当局。

在流放了八年后，崇德天皇终于崩溃了，他开始绝食，不眠不休，几近精神失常。他披头散发，不洗澡，不剪指甲，最终咬舌自尽，死时形容恐怖，看到的人都觉得像夜叉一样。他的怨灵变成了天狗。崇德天皇死后，后白河天皇并未理睬他的诅咒，没有按照天皇仪制安葬崇德天皇，也没有举行国丧。于是，崇德天皇的怨灵开始作祟。在崇德天皇死去的若干年后，后白河天皇身边的建春门院、高松院、六条院、九条院忽然在同一年离奇死去。第二年，日本开始发生各种天灾人祸，防不胜防。经过分析和占卜，当局一致认为，这是含恨而死的崇德天皇的怨灵在作祟。

朝廷开始进行慰灵，将赞岐院追谥为崇德天皇。万永元年，朝廷还将崇德天皇的灵位与大物主神合祀。寿永三年，在春日河原设立了崇德院庙，这是当年崇德天皇的战败之地，也就是后来的粟田宫。明治天皇时期，还将崇德的灵位供奉在京都的白峰神宫中。

这些祭祀与御灵供奉并没有平息崇德天皇的怨灵，他依旧是日本数一数二的怨灵，是日本国的大魔缘以及人们心中的第一祸祟神。他的民间形象是大天狗，为一只金色的大鸢，背有双翼，手执钢杵，并且有一群天狗跟随，每逢战乱年代他就会出现在民间。大天狗出现预示着天下将乱，权力更迭。

上田秋成的怪诞小说《古今怪谈雨月物语》[①]中，崇德天皇曾经出现在民间，他告诉人们，如今的乱世是我造成的。我活着的时候，堕入魔道，死后要继续为祸人间。天下不久将大乱，并且永无宁日。崇德天皇并不是毫无缘由地唯恐天下不乱，他也道出了自己作祟的缘由。他认为，天皇之位是集权之位，如果天皇违背人道，那么臣民就应予以讨伐。而父皇（鸟羽天皇）却让后宫干政，而不是选贤与能。父皇在世，为了孝道我做不了什么，父皇去世后，我就要顺应天理民心，征讨不明之君，如武王伐纣般创建千古基业。我原本就应该是一国之君，应该结束女人干政的朝纲。

而事实上由于保元之乱，源氏与平氏这两个武士集团进入了统治阶层。从此，天皇式微，而平氏、源氏、足利、丰臣、德川等武家轮流坐庄，崇德天皇的咒怨应验了，日本皇室始终处在被利用与操纵的地位，在乱世中风雨飘摇。直到明治天皇时期，崇德天皇被供奉在白峰神宫，诅咒才告一段落，日本进入了短暂的和平时期。

日本民间另有一说，八大天狗之一的白峰相模坊，就是由崇德上皇的怨灵变化的。白峰相模坊是相模大天狗，永世镇守白峰，是四国天狗的领袖。也就是说，崇德上皇在死后的将近千年里，成了名副其实的民间神明，具有强大的灵力和乱世象征意义。

也有人认为八大天狗都归崇德天皇统率，除了白峰相模坊大天狗，其他的七大天狗，爱宕山太郎坊大天狗、比良山次郎坊大天狗、饭纲山饭纲三郎大天狗、

① 见《雨月物语·春雨物语》，王新禧译，陕西人民出版社。

崇德天皇

在政治斗争中失败的崇德天皇，被软禁了八年，他得不到赦免，孤寂哀怨地客死他乡，咒愿死后化为大魔缘，因此成为日本神明级别的怨灵。

鞍马山僧正坊大天狗、相模大山伯耆坊大天狗、彦山豊前坊大天狗、大峰山前鬼大天狗都是崇德天皇大天狗的属下，它们各司其职，八大天狗每一支下又有各种天狗、鸦天狗等。所以，崇德天皇几乎统领着一支天狗军团，也算日本神明界的实权人物，据说是连安倍晴明都无法收服的妖神。

即使是带有诡异色彩的怨灵神，崇德天皇也有他的追随者，尤其是后世的忠君尊皇派。三岛由纪夫的《弓月奇谈》中，主人公为朝在妻离子散，被迫背井离乡之时，梦中去参拜崇德院陵墓，并想在此处自我了断，以陪伴崇德怨灵，却被崇德阻止。崇德天皇的怨灵命他再度举兵，为朝于是东山再起，此后在海滨再次遥拜崇德天皇。

第六章
外来神

一、日本佛教中的神明

1. 目连救母

日本人敬鬼的程度是其他民族所无法理解的，比如，在房间里放家人的灵位和骨灰坛，时不时地敲响铜钵盂，念念有词地拜祭一下。如果在中国的普通人家里放这么一个坛子，想必不仅客人来访会觉得不寒而栗，自己也会觉得别扭，毕竟阴阳永隔，生死殊途。这就是不同民族对待生死的态度不同导致的民俗差异。日本人向来侍死如生，在对待各路亡灵的态度上，不仅敬畏，有时甚至达到亲昵的地步。

盂兰盆节是日本的重大节日，这本是中国的传统节日，称为中元节。不过中国对这种带着不吉色彩的节日有些忌讳，历年来味道越来越淡，仅止于在街角房后烧几张黄纸，聊表心意。而在日本，盂兰盆节是不亚于新年的大型节日，不仅要欢欢喜喜地将祖先的灵魂接回来，还要盛大庆祝，最后再恋恋不舍地送走。

虽然中日过节的形式和规模不同，但盂兰盆节的传说是同源的，是从印度经中国传到日本的。不过日本盂兰盆节的故事略有不同。在日本的说唱本《目连尊者巡行地狱》中，有目连搭救身陷地狱的母亲的故事。

传说目连尊者在释迦牟尼身边修业，向释迦牟尼询问自己过世的父母现在何方。释迦牟尼告诉他，他的父亲净饭王生前行善，赈济灾民，虽然英年早逝，却去了西方极乐世界，荣享富贵。而目连的母亲青提夫人，悭吝且善妒，不信佛道普度众生，烧掉净饭王修建的佛塔，打破渡海的船只让他人遭殃，毁坏河流上的桥梁让人无法通行，还偷了僧人漂亮的袈裟给儿子穿。

青提夫人不断地作恶，终于恶贯满盈，死后落入三十六层地狱饱受煎熬。目连听得泪流满面，母亲固然有诸般不好，毕竟是自己的亲生母亲。他向释迦牟尼求情，允许自己下地狱去搭救母亲。

目连来到奈何桥边，奈何桥旁有一条大蛇守护，不让任何人通过。目连掏出《法华经》砸向大蛇。大蛇立刻变成了一条小船，载着目连过了奈何桥。目连历尽凶险，跨越死出之山，遇到了奈何婆。听说目连是为了救母亲而勇闯地狱，奈何婆十分感动，引导目连到达了地狱。

目连在地狱中寻找八万地狱，却无论如何都找不到。他向神明祈求帮助，地藏王菩萨现身，带着目连到了八万地狱。目连拜见了八万地狱的主宰者阎魔王。听到目连的遭遇，阎魔王也十分感动，让家臣八面大王带目连去找他的母亲。

到了八万地狱，目连却几乎认不出母亲。青提夫人在地狱之火的炙烤下，早已化作焦炭，面目全非。看到母亲饥饿异常，目连拿出饭团给母亲，母亲口中却喷出火焰，饭团瞬间变成焦炭，无法食用。目连心痛欲碎，哀求阎魔王让母亲恢复人身。即使如此，依旧无法带母亲脱离地狱的苦海，他只能回到人间，再次向释迦牟尼求助。释迦牟尼告诉他，他母亲生前作恶，死后想赎罪，就要施舍饿鬼。目连赶忙去施舍饿鬼，然后回到地狱，看到母亲已经坐到了莲花座上，却依旧十分吝啬刻薄。她知道目连施舍了饿鬼，就埋怨他。虽然目连为了她施舍饿鬼，但是饿鬼中也有恶人。虽然释迦牟尼再次点化目连，但因为目连的母亲嫉妒心极重，目连再怎么去赎罪也是徒劳的，始终无法救出母亲。

目连十分难过，最后他下定决心，要代替母亲去地狱中受苦。这样母亲做再多的恶，最后也只是自己受苦，母亲不会再痛苦了。

目连救母

目连的母亲因生时悭吝，死后沦落饿鬼道。目连来到地狱搭救母亲，却见母亲身处地狱之火中。他给母亲喂饭，母亲口中喷出火焰，将食物烧成焦炭，无法入口，依旧挨饿。

释迦牟尼见目连如此诚心，终于出手相救，将目连的母亲带入了日本国的大和壶坂寺，放在如意轮观音中，从此以后普度众生。

2. 摩利支天与不动明王

日本人向来对能够自己发光的神明崇敬有加。

在日本，摩利支天很有声望，这是一位远渡重洋来到日本的神明。摩利支天最初是印度佛教中的神明，是隐身和消灾的保护神，其名之意为光、阳焰，在唐朝时辗转传到日本后，它的“光”属性得到日本各阶层的广泛认可。摩利支天在日本的造像与印度佛经中并没有什么太大区别，都是一位天女，手中拿着吉祥物，头顶着宝塔，驾着一辆车，由九头猪拉动。据说摩利支天经常跟在太阳神的身后，是位护法神。虽然她曾经走在太阳神日天面前，但日天根本看不到她，因为她会隐身之法。

摩利支天的咒语中，含有能够隐身免受各种苦难的力量，于是很多日本武将将她供奉起来，使她成为武士们的守护神。在井上靖的《风林火山》中，山本堪助就随身佩戴着一枚摩利支天的小像，这是他的战斗信仰，也是处在战国乱世中很多武士的精神支柱。

在日本武士心中，摩利支天是阳焰之女神，能给武士带来武运，让他们每战必胜。

除了武士，还有一支神秘力量，也将摩利支天奉为行业神，那就是忍者。“忍术”本为“隐术”，也就是隐藏身形，在暗处伺机而动，隐身术是日本忍者的基本功。摩利支天恰好是能够隐身的神明，与忍者的需求不谋而合，便成了忍者的守护神。

传说，忍者进行密宗修炼，在修习中使用摩利支天咒和手印，便能隐藏自身，进行各种神乎其神的活动，这也是摩利支天秘法中所谓的“道路中隐身，王难时隐身，水火盗贼一些诸难皆能隐身”。不论遇到什么危机，决不硬碰硬，先藏起来，再寻找机会脱身或下手，是忍者的一贯作风。摩利支天赋予了忍者强烈的机会主义属性，也使他们成为日本史中神秘而有趣的力量。

对摩利支天的信仰为忍者的“忍术”增加了神秘的色彩，使人们在心理上

摩利支天

摩利支天是位有个性的神明，人家骑马，她骑猪。她是太阳神的护法，作为阳焰女神，是武士们心目中的战神，又因为能隐身，也是忍者们信仰的神明。

接受了忍者“遁术”是神明赋予的能力这种奇异思路。

然而比起摩利支天，不动明王在日本作为神明的信仰更为广泛。

佛教有五大明王，这五位都是佛教的护法明王，也是靠武力守护佛法的神明。不动明王居于五大明王的中央，是大日如来的化身，可以降服诸魔。“不动”是指无论经过多少荡魔除邪的事，慈悲心始终坚固不动。“明”指的是智慧光明，“王”指的是主宰世间诸事。

在日本，关于不动明王有一个传说。

平安时期，日本的三井寺高僧知礜病危弥留。他的弟子们敬爱老师，都十分焦急，向当时的大阴阳师安倍晴明求助。安倍晴明告诉他们，换取人生命的代价是最高的，要想救师父，就必须牺牲他们其中一人。其他弟子都在犹豫，只有证空毅然决定代替老师受苦。不久，证空果然病了。证空一直虔心侍奉不动明王，他的牺牲让不动明王十分感动，甚至流下了眼泪，愿意代替证空做患病的替身。很快，证空和他的师父知礜都痊愈了——不动明王救了他们。

这则传说体现了不动明王慈悲的一面。不过，从日本的不动明王雕像来看，这尊神明长得一点都不好惹：他怒发上扬，瞪一目眇一目，一脸愤怒，右手持宝剑，左手挽着罥索，背后背着熊熊火焰，斩除烦恼，焚尽邪魔，俨然一副杀气腾腾的战神模样。

日本的很多寺庙都供奉着不动明王，他在诸天神佛中战斗力是一流的。日本的高野山是不动明王的道场。日本人相信不动明王能够除厄除障，他是日本民间一位颇有人缘的佛教神明。

3. 地藏、观音、药师佛

地藏菩萨在目连救母的故事中，曾帮助目连寻找他的母亲，这是一位在日本有着广大群众基础的外来神明。佛教中，地藏菩萨处于释迦牟尼之后和未来佛弥勒出现之前的真空阶段，这是一个无佛的世界。地藏出现，是为了代替死去的人承受各种磨难。

现在到日本旅游，不经意就会在村头和道旁看到石雕的地藏小像，这些地

地 藏

日本人相信地藏菩萨能够守护早夭孩子的灵魂，这些死在父母之前的孩子，会让父母哀伤欲绝，他们都是不孝的，无法渡过三途河转世重生。地藏菩萨保护着可怜孩子的亡灵，让他们躲在自己宽大的僧袍里，不受邪魔侵害，并念经超度他们，使他们安然去往彼岸。

藏菩萨左手拿着球宝，右手拄着锡杖，慈眉善目。日本人认为，小孩子死后，地藏可以保护他们，因此，很多有丧子之痛的日本人会在地藏雕像前放一些小石头和孩子生前的玩具。从平安时代到现代，地藏菩萨一直被当成儿童守护神，在京都和大阪的地藏盂兰盆节中也会进行儿童祭典。

日本至今仍旧流传着小花地藏的传说。小花原本是个活泼可爱的孩子，与年迈的奶奶阿春婆婆相依为命。有一年冬天，村里的孩子都患上了“百日咳”，小花也在这场疾病中死去。阿春婆婆担心她在黄泉迷路，无法找到父母，就用石头雕刻了一尊地藏菩萨立在村子里的山岗上，为小花引路，这尊地藏与小花的样貌一模一样，便被人们称为小花地藏。后世有小孩患上百日咳的，只要在小花地藏菩萨像前供上小花生前最爱吃的“里里米”，小孩就一定能康复。在日本很多村边地头，人们不经意就能看到如同小孩子一样的光头雕像，便是护佑小孩的小花地藏。

观音菩萨在东亚地区深得民众尊崇，在日本也不例外。在《扶桑略记》中，曾记载推古天皇三年，“用飘至岛的香木雕一观音像”。日本有将漂流物称作“惠比寿”的习俗，而海漂的香木，也被认为是具有神秘力量的，用此物雕刻观音大有深意。海上所来的不明之物，非海祸即海神，不敢随便丢弃损毁，雕刻观音像，或为借力，或为镇邪。

在日本，观音有 33 种变身，日本有“西国三十三处巡礼”的说法，据说是由平安时代的花山法皇提出的。

观音三十三处巡礼在很多歌舞伎剧的台词中都有体现，比如近松门左卫门的《曾根崎情死》中，就有“三十三处伽蓝寺院，俱是观世音的灵地灵山。三十三山巡礼遍，便一切罪障全除”之句。这是妓女阿初去三十三处观音寺巡香时看到的情形，可见日本人对观音菩萨的信仰非常广泛。

不过观音的信仰从中土到日本也经历过很多波折。传说在后梁时期，日本高僧慧锷曾经来中国学法，到了五台山法华寺，看到一尊精美的玉雕观音像，宝相庄严，慈眉善目，光华夺目。慧锷不禁呆住，瞻仰许久仍不忍离去，便叩见了法华寺方丈，希望能将此观音请到远隔重洋的日本去供奉，光大佛法，普度众生。

方丈犹豫不决，但慧锷屡次诚恳哀求，方丈最终答应此事。

法华寺方丈在迎请仪式后，将观音交于慧锷，并告诉他，这观音像是文殊菩萨造的，具有非同寻常的法力，此去日本山高路远，涛急浪险，如果中途遇到危难，可向观音大士求助。慧锷捧着观音像，拜谢了方丈，启程出发，经长江入东海，到了舟山群岛。他归心似箭，想让国人早日供奉这尊观音菩萨，便匆匆踏上海途。

当天夜里，狂风大作，巨浪滔天，慧锷的船危在旦夕。慧锷想起了方丈的嘱托，便向观音大士求助。风浪未息，船却平稳下来，安全驶入普陀的一个山海之湾里，躲避风浪。第二日，风浪终于平息，慧锷想起航，却有一团烟雾挡在船前，无法行驶。第三日，云开雾散，艳阳高照，是个好天气。然而，慧锷的船刚起航，海上顿时彤云密布，浪涛不止，无论船夫如何努力，船也无法前进，更让人惊讶的是，海上忽然绽放出无数的铁莲花，将慧锷的船围住。

慧锷心中惊疑不定，他猜想，难道是观音菩萨不想去日本么？他再次跪在观音像面前，向观音祷告：如果菩萨不希望去日本，那就指点一个地方，我会为您建造寺院，将您供奉在那里。

他话音刚落，海上就出现了一头大铁牛，开始吃铁莲花，最后吃出了一条通道。慧锷明白，这就是观音大士指点的航路，便跟着吃铁莲花的铁牛，将船驶过去，终于到了普陀山，铁牛也沉入海中。

慧锷便在普陀山建了一处观音寺院，名为“不肯去观音院”。

药师佛也是从印度经中国传入日本的，所以日本的药师佛形象和中国的差不多，都是手中捧着药壶，身边立着日光、月光菩萨，身后跟随着十二神将。

作为东方净琉璃世界的教主，药师佛除病救人，普度众生。从奈良时代起，日本人就认为，在重病之人身边念药师佛法号，可以保住其性命。他们为药师佛建立佛寺，以祈求病患康复。连圣德太子也在法隆寺修建了金堂药师像，为当时生病的用明天皇祈祷。

药师佛在日本的各个阶层中都有大量信众，民众对药师佛的祈愿主要是治病、除罪和延命。每年的 1 月 8 日、4 月 8 日、12 月 8 日，民间都有药师佛的讲经法会，以筹措资金，广建供奉药师佛的寺庙。

平安时代的药师如来

在日本，药师佛又称作药师琉璃光佛。和“三十三观音巡礼”相似，药师佛也有“西国四十九药师巡礼”，传播甚广。

二、道教神明与阴阳师安倍晴明

佛教到了日本还叫佛教，道教到了日本却大变样。奈良时期，中国道教传入日本，很多神明也跟着越过重洋，成为日本列岛上的新鲜神明。唐朝时期，中国朝野上下皆崇尚道教，很多日本遣唐使和留学生，将道教的方术和神仙思想引入日本，经过重新加工，与其他学派和本土信仰整合，日本就出现了一个新职业——阴阳师。

阴阳术究竟是道教方术还是中国阴阳家的学说，没法说清，不过，它杂糅道教思想与阴阳五行理论，当然也结合了日本“万物有灵”的自然信仰，是一种将外来宗教和本土特色相结合的术法。因此，阴阳家也会将道教中的神仙拿过来加以利用，比如太乙神、泰山府君、钟馗，甚至关帝。日本著名的阳明学鼻祖中江藤树供奉道教太乙神，并进行修行，传授弟子，传播道教思想。在今天的横滨中华街，仍然有天后宫和关帝庙，香火颇盛，在日本人眼中，天后与关帝是渔民、城镇和商人的守护神。

另一方面，这些外来的神明又与日本的本土神明互相印证结合。比如太乙神，在《先代旧事本纪大成经·先天本纪》中记载：“大岁在乙巳日，天照大神再复天政位，在九天正宫，更为无天横灾，而修乙巳德，执大乙德，成太乙神，主领上天，兴一切祥，行太巳功，成太巳神。”这里就将道教的太乙神与高天原派系的天照大神联系起来。这是因为，外来宗教即使再好，想要传播，也需要依靠已经广为人知的神道教神明。

除此之外，道家的法术也传入日本，被神道教整合，变成了阴阳道。阴阳师作为阴阳道的法师，会幻术和咒语，能够驱使式神与亡灵，可以抓鬼除妖、相面算卦。更重要的是，阴阳师还能为朝廷确定战事吉凶，观星以测国运，甚至进行迁都的风水勘定。他们集术士、观星师、风水先生等诸多职业于一体，是日本历史上非常神秘的一群人。

阴阳师的宇宙观和理论基础来自《易经》，方法论上却触类旁通——五行学说、奇门遁甲、大六壬、太乙神数等，中国的玄学知识杂陈其间。“式神”这种神奇的术法也非日本特产，而是源于中国的“兵马”。《西游记》中，孙悟空得到教菩提祖师真传，颈后三根金毛，能变化成神猴，与神鬼战斗，这就是式神的一种。《水浒传》中，乔道清召唤神兵天将，也是一种式神。

日本阴阳师虽师承海外，但经过多年的发展与丰富，也自成一家，其中有十分出色的人物，比如役小角和安倍晴明。

役小角生于舒明天皇时期，约在中国的唐初，是日本“修验道”的创始人，又称“役行者”或“小角仙人”。他原本是贺茂人，原名贺茂役君小角。相传役小角的道术是自学成才，他从少年时代就开始做神仙梦，幻想白日飞升，一直住在洞窟里，学着古人穿葛丝的衣服，不吃米面蛋菜，也不吃肉，只吃松针嫩叶，每天在清泉中洗澡，保持饮食身心的洁净，使自己更接近仙人的生活。

后来，役小角得到了一本《孔雀经》，其上记载着咒术与其他法术。役小角苦心修炼多年，终于能够腾云驾雾并役使鬼怪。役小角所处之地，溪谷纵横，山险崖多，虽然他可以借助法术飞腾来去，但这样一来消耗法力，二来别的神仙来拜访他也十分困难。于是役小角想在葛城山与金峰山之间造一座石桥，便于妖鬼们开工建造。然而过了很久，工程却没有进展，役小角十分生气，以为妖鬼偷懒，便把它们训斥了一顿。但妖鬼也有苦衷——原来葛城山中有一位山神叫一言主神，因为长得奇丑，白天不出现，晚上才出来溜达，而妖鬼们夜晚才能出来工作，一言主神正好妨碍他们动工。

役小角让妖鬼们转告一言主神，既然他耽误了造桥的进度，就应该由他来帮助妖鬼们修建石桥。

一言主神不理这个凡人，说他在自家地盘上不可能帮妖鬼们造桥。役小角得知后带着众妖鬼到了一言主神的住处，用法术将躲在里面的一言主神揪出来，绑在大树上。

一言主神气坏了，却又打不过役小角。他只好真神出窍，灵魂附在了天皇的一个大臣身上，向天皇进言，说葛城山有个役小角，大动干戈铺桥修路，准备积草屯粮，招兵买马，杀到京城，谋权造反。天皇向来对这个大臣言听计从，很快就派大军去围剿役小角。

役小角法术高明，使用咒术、利用妖鬼，多次挫败了天皇的大军，成千上万人马也拿役小角没有办法。天皇只好曲线救国，抓了役小角的母亲，逼役小角投降。

役小角虽修仙，有通天神术，却十分孝顺，他不忍母亲受到牵连，遭受痛苦，便立刻投降。天皇没有杀他，只将他流放到了伊豆。役小角并不在意，白天服刑，夜晚修炼，道术反而越来越高，甚至一夜之间可以从伊豆到富士山跑个来回。不到三年，他就被赦免释放了。此后，役小角隐入深山，再也没有人看到他的踪迹。有人说，他坐着草席漂流于大海，又将老母亲安置在一个巨大的钵盂里，一起去了大唐。

此后经过了漫长的岁月，役小角的后人贺茂忠行在日本土地上继续他的修炼之路并收了一个了不得的徒弟，这就是后世著名的阴阳师安倍晴明。关于安倍晴明的传说很多，最著名的就是他的身世。

传说安倍晴明有狐狸血统，他的父亲是人类，母亲是狐仙。

这事还要从平安时代的村山天皇时期说起。在摄州的阿倍野乡，安倍家有位公子叫安倍保名，他是阿倍仲麻吕的第八代孙，祖先也是名声煊赫，可到了这一代却家道中落，家中只有很多阴阳道的书籍。保名发奋读书，想借此光耀门楣。他时常去泉州信太森的神社参拜神明，有一次他带了几名随从，在信太森的神社前支起幔帐，饮酒消闲。这时忽然有两只白狐冲进幔帐，又倏忽而出。随后，一只娇小的白狐仓皇跑进帐内，呆呆地看着保名。保名这才明白，刚刚那两只狐狸是小狐狸的父母，它们一定是在躲避什么，无法保护小狐狸，才冲进幔帐来求救的。

保名将小狐狸藏在自己宽大的狩服袖中，刚刚遮掩好，几只猎犬就冲进来，朝着保名的衣袖吠叫。随从赶忙上前，持刀将保名护住。这时一群武士闯进了幔帐中，他们要保名将小狐狸交出来，保名不肯。带头的武士自称恒平，他见保名拒绝交出狐狸，便让其他的武士对保名挥刀，保名的随从与他们搏斗，但他们都不是武士的对手，纷纷倒下。武士将保名捉住，却不见了狐狸，十分气愤，将他绑了起来一顿毒打借以泄愤。

安倍晴明

平安时代，京都怨灵之气颇盛，日本第一阴阳师安倍晴明拥有操控鬼神和精灵的能力，虽然是御用阴阳师，却在民间享有盛誉，因此，江户民谣有云："不知源义经，但识晴明公。"

在武士们就要杀死保名的时候，一个老和尚忽然出现拦住了行凶的武士。这位老和尚是河内国藤井寺的住持，名为赖范。他年轻时与恒平同族，是恒平的长辈。他劝恒平释放了保名，恒平在和尚苦劝下最终应允。

众武士走后，赖范帮保名解开绳索，保名感谢不已。和尚忽然朝他嘻嘻一笑："老衲就是你救的小狐狸啊！"然后，他忽然滚到地上，变成了那只雪白的小狐狸，轻盈地跑进了森林。

保名安葬了死去的随从后就想返家，走到一条小河边喝水时，忽然看到一个年轻的女子正在打水，一不小心掉到河里。保名连忙跳入河中救起那女子。

上岸后，女子看到保名身上的伤口，就邀请保名去自己家帮他包扎伤口。

保名住在这女子家中养伤，一段时间后，两人产生了感情，便结为夫妻，男耕女织，还生了一个孩子。

一年菊花盛放之秋，保名的妻子在房中织布，闻到淡淡的香气，渐渐有点精神恍惚。忽然，她听到身后传来一声惊叫。回头一看是自己的儿子晴明。这孩子正一脸惊讶地看着母亲。母亲还是平日的装束，但是，头上忽然长出了毛茸茸的耳朵，身后有九条蓬松柔软的白色大尾巴。

保名的妻子恍然大悟，原来这醉人的菊花香让自己现出了原形，这都是天意。她再也无法留在这里，只留下了一首和歌就匆匆出门。

保名回来后，哭泣的儿子交给他一张纸，上面写着一首和歌："想我的时候，就到和泉信太森找葛叶。"

保名不解，也不相信妻子就此抛弃了他们。他背着幼小的儿子到了信太森，见到了妻子。

妻子也十分难过，她告诉保名，自己本是信太森的狐仙，为了报答保名的救命之恩，才与保名成为夫妻，如今原形已露，无法再与他们生活在一起了。

九尾仙狐爱怜地看着儿子，将一枚晶莹璀璨的宝玉放到孩子手中，此玉名为智慧玉。

保名将孩子带回家，让孩子拜贺茂忠行为师，最终成为著名的阴阳师安倍晴明。

三、天草魔王

在日本，基督教也属于“外来的和尚”，但这个“洋和尚”自从在战国年间进入日本后，就迅速得到了各阶层的信仰。比较著名的信徒有丰臣秀吉的侄子、杀生关白丰臣秀次，以及“大阪七将星”中的明石全登。

德川家康讨厌基督教，一方面他担心这种外来宗教以燎原之势发展成一向宗那样强大的势力，组织僧兵与政权对抗；另一方面，天主教也会侵吞土地与财富，这是德川家康不能容忍的。德川家康性格谨慎，在派使臣出访西方归来后，觉得西方各国不好打交道，索性关起门来过自己的日子。他本身信奉佛教，而在九州，大友宗麟却信奉基督教，让和尚们去建基督教堂，两者之间产生了矛盾。

天草四郎的故事就是从当时日本基督教的大本营九州开始的。

天草四郎原名天草时贞，是小西行长的家臣益田好次的儿子，本名益田时贞，后来被过继给了天草家，所以称为天草时贞。关原合战让天草时贞成为浪人，辗转到了长崎，开始信奉基督教，向西洋人学习医道。

这时候的天草时贞还只是一个 16 岁的少年，相貌清秀俊美，举止高雅。曾经有一位相士预言，这个少年容貌尊贵，若生在乱世，定会掌控天下。而早在天草四郎出生前十年，一位遭德川家迫害的神父，在离开日本之前就曾经预言，二十五年后天草家将出现一位神童，他是上帝转世，精通基督教教义。他法力无边，一定会拯救被迫害的教众们。

德川家对岛原基督教徒的压榨与残酷镇压直接导致了岛原之乱。岛原与天草的三名基督教徒与当地的官军周旋，天草四郎被信徒们推举为领袖，他们认为这位英俊的少年是天使，具有上天赋予的神奇法力，上帝派他来，不仅是为了传教授道，也是为了拯救他们。

天草四郎不负众望，他不仅具有很强的领导力与号召力，还能用神奇的医术救治病痛伤者。他能让失明的少女复明，也能呼风唤雨、翱翔天空，或在海面上行走。更厉害的是，当朝廷派大军来围剿时，他以出色的军事才干，率领着从未打过仗的农民们，以少胜多，几次打败了板仓重昌的进攻。

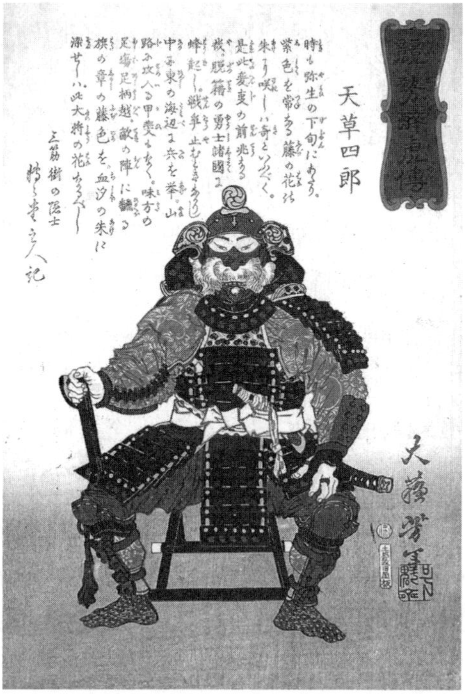

天草四郎

这位16岁的少年，率领基督教信众，反抗苛政，掀起岛原天草大起义，以乡民勇士，抵挡着德川12万大军和荷兰人的联合进攻。

德川军抓住了天草时贞的母亲和姐姐，但并没有让天草四郎屈服。天草四郎率领民众死守城池，最终寡不敌众。官军攻入城池后，天草四郎在大屠杀中殒命。

天草四郎有点像日本版的洪秀全，只是他的势力范围太小，也不进行主动的运动战，只死守城池，没能有效地扩大根据地，最终被德川军像水煮乌龟一样消灭了。

岛原之乱是江户时期规模最大的内战，也被称为幕末维新以前最后的内战。“天草一揆”（天草的农民起义）让德川家伤亡惨重。这位率领实际战力不足一万的农夫军队，打败德川十二万正规军的少年，也成了传奇。

据说临死之前，他有一句名言：“此刻死守此城者，来世永为朋友。”天草四郎也从此被奉为神。耶稣有受难三天后死而复生的神迹，因此，残留于世的天草基督教信徒认为，作为天草起义的统帅，天草四郎也具有耶稣一样的能力，必将死而复生，卷土重来，带领他们继续与德川家抗争。

20世纪中叶的日本著名小说家山田风太郎著有《魔教转生》一书，就是以天草四郎临死时那句转生名言为依据，幻想在岛原之乱十年后，天草四郎复活，并复活了宫本武藏等七大剑豪，带着妖异魔法，向德川家复仇。这本流行小说，也反映了天草四郎在日本人心中是亦妖亦神的英雄。

时至今日，天草四郎更是成为日本民众心目中具有神魔之力的悲剧英雄，活跃在各种流行小说、动漫以及游戏中。虽然是外来宗教中的神话人物，人气却丝毫不逊于本土神道教中的神明，天草四郎的塑像也被放置在天草码头，与长崎隔海相望。

第七章

草子物语（上）

一、辉夜姬①

奔月的仙子，中国有嫦娥，日本有辉夜姬，这两个女子都美貌聪慧，却又结局悲惨。不同的是，一个是偷了神药，弃夫升仙；一个是不得已被族人带走，却对凡间恋恋不舍。

有个伐竹翁名为竹取，他在竹子中发现了一个只有三寸长的美丽的女孩。伐竹翁并没有将这个奇特的女孩作为宝物拿去卖钱，而是与妻子将她当成亲生女儿用心抚养。老人的善良得到了福报，他每次伐竹的时候，都会在竹子里发现黄金，最终变成了富家翁。

女孩一天天长大，出落得异常美丽，光彩夺目，能绽放出驱散黑暗的光芒，她的一颦一笑能让人所有的忧愁烟消云散。

老翁十分珍视这个女儿，在他借助女孩带来的好运成为富豪之后，特地请来名士斋部秋田，为女孩取名“嫩竹之辉夜姬”。为了庆祝，老人还大摆宴席，

① 详见《竹取物语·御伽草子》，王新禧译，陕西人民出版社。

宴请四邻八乡。辉夜姬的美名不胫而走，但麻烦也接踵而至。

那个年代是娱乐活动极少的时代，辉夜姬这种有趣之事，吸引了很多好事与好色之徒，他们在辉夜姬的家门外徘徊辗转，流连忘返，更有甚者还想在墙上砸出洞来一睹芳容。

有五个贵族也来到了辉夜姬的家里，他们的目标更高，想把这位绝世美人据为己有，当然，伐竹翁的富足家产也令人垂涎。

石作皇子、车持皇子、右大臣阿倍御主人、大纳言大伴御行、中纳言石上麻吕，这五名贵族不断地向辉夜姬示好，不分寒暑地纠缠，却没能见到辉夜姬一面。最终没有办法，只好托伐竹翁说情。

伐竹翁虽然知道辉夜姬可能不是凡人，但作为一个世俗之人，还是担心女儿最终嫁不出去，所以苦口婆心地劝辉夜姬，为了将来打算，至少在这五人中选出一个嫁了，也好找到归宿，繁衍后代。

辉夜姬冷眼旁观五个人的所作所为，觉得他们不是性格狡诈，就是愚蠢异常，因此对他们十分鄙视，但又不想让养育自己长大的老爹烦恼，只能另辟蹊径，想办法让几个求婚者知难而退。

她口中说请五个贵族分别帮她办五件小事，然而这五件小事，哪个都比登天还难，比蹈火还险。伐竹翁并不知道辉夜姬的心思，还以为女儿终于开窍了，喜滋滋地通知五个贵族，传达辉夜姬的要求，让他们去寻找辉夜姬最喜欢的东西。

五个贵族原本喜不自胜，跃跃欲试，听了辉夜姬的要求后都受到了打击。石作皇子得到的差事，是取天竺国的佛之石钵；车持皇子得到的要求，是去东海的蓬莱仙山取来银根金茎玉果的宝树枝；右大臣要取唐土的火鼠裘；大伴大纳言应取龙首五色辉玉；石上中纳言则需要取燕之安产贝。

虽然这些“小事”难度很高，五名贵族却色心难耐，最终还是各找出路，想办法去解决难题。

石作皇子一马当先，跟辉夜姬告了个别，一走就是三年。他并没有去海外天竺，而是就近到大和国十市郡的寺庙里，拿到了十八罗汉前面供奉用的石钵。被烟火熏得灰溜溜的石钵看起来挺有沧桑感。石作皇子以假乱真，还在外面罩上锦袋，装饰了一枝人造花，送给辉夜姬。

辉夜姬觉得奇怪，天竺远在南洋，从日本去天竺，走海路是远渡重洋，九死一生；走陆路，从长安出发的唐僧都走了十多年，更何况是还要渡海的日本。

石作皇子还在石钵里附着和歌，大意说，我翻山越岭跋山涉水去取石钵，能回来送给你，真让人喜极而泣。

辉夜姬一看就知道石钵是个“西贝货”，于是回了石作皇子一首和歌，大意是：真正的佛钵有着夺目光辉，你这个一点光都没有，不是从十市郡的小仓山买来骗我的吧？

辉夜姬将假的佛钵还给石作皇子，石作皇子却厚颜无耻地狡辩：这石钵的光辉原本像神山一样耀眼，但是遇到你这么漂亮的女孩就黯然失色了。我现在就把这个千辛万苦寻来的石钵丢了，却永远不会舍弃你。

辉夜姬不再搭理他。石作皇子只好离开，却对辉夜姬的美色念念不忘。

车持皇子也不甘落后，他答应辉夜姬为她取到筑紫国的玉枝，即刻就动身。筑紫国在九州岛，而车持皇子却只在海上航行三天就秘密折返。他招来能工巧匠，大费周章，终于制作出了巧夺天工的玉枝，然后偷偷返回海上，装作远航归来的样子给所有人看。

辉夜姬的父亲将车持皇子带来的玉枝给辉夜姬看。辉夜姬很烦恼，她的父亲伐竹翁却异常开心，终于能把女儿嫁出去了。车持皇子还编了一套故事，说明他是如何不畏千难万险，到达仙山蓬莱，遇到了很多仙女，最终得到了玉枝。正当辉夜姬为此事一筹莫展的时候，门外却一阵骚动。

辉夜姬家的庭院里来了几名工匠。这些工匠正是为车持皇子制造玉枝的人——原来车持皇子卸磨杀驴，只顾追求美女，却拖欠他们的工资。

辉夜姬开心了，原来这玉枝是假的，她将玉枝退还给车持皇子，还赏了很多钱给工匠们，感谢他们为自己挡住了虚伪的车持皇子。

车持皇子难堪得无地自容，最终遁入深山，再也不敢在人前露面。

右大臣阿倍御主人倒是个实在的人，他按辉夜姬的要求，不惜重金，派家臣四处去找火鼠裘。他的家臣小野房守终于从大唐带回了火鼠裘，虽然花费了很多钱，阿倍御主人却一点也不心疼，反而喜不自胜，乐颠颠地跑去献宝。

辉夜姬拿到火鼠裘，丢到火里，原本应该不怕火的火鼠裘，遇到火被烧得毛都不剩。辉夜姬写了首和歌返还阿倍御主人：赝品火鼠裘一瞬间就变成了灰，早知道是这么件破东西，何苦要多费心思？因为这件事看热闹的人们都嘲笑阿倍御主人这个大傻瓜，还给他取了个外号，叫“阿倍无成”。

大伴御行大纳言的难题是取龙头上的五色辉玉，他要求家臣去取，家臣们答应得慷慨激昂，声称要为主人赴汤蹈火，拼尽性命也要取回龙首玉，大纳言感动得很。然而，他们拿了大纳言给他们“打怪寻宝”的经费，就分了钱各回各家了，还称大纳言是个糊涂蛋。

大纳言每天做美梦，等着家仆们取回龙首玉，好去迎娶辉夜姬，他将家中重新装修，还将大老婆小老婆都赶走，一心一意地准备着。然而左等右等不回来，大纳言去海边调查一番，才知道他的手下根本就没人去取龙首玉。大纳言十分恼火，只能自己踏上旅途，准备亲自去寻找宝物。然而他在海上遇到了极大的风浪与暴雨。船夫认为是因为大纳言想屠龙，惹怒了龙神，才遭此灾祸，大纳言也被吓得魂不附体，连连祷告天地，承认错误。最终虽然平安归来，却大病一场。他的家仆们纷纷回来向他告罪。大纳言宽恕了他们，认为确实不该触怒龙神，还大骂辉夜姬不是好东西，打算利用龙神谋害他们，从此不再提辉夜姬，但世人依旧将他当成个笑话。

中纳言石上麻吕的任务是取燕之安产贝。安产贝是燕子在产蛋的时候才会生产的，而燕子看到人接近就会飞走，通常很难得到。石上麻吕派家仆试了很多次都没有成功，最后还是有经验的大炊寮仓津麿向石上麻吕献了一计。

石上麻吕依计行事，命人坐在大竹篮中，把篮子用绳索拴在屋梁上，燕子飞来产蛋时，将竹篮拉升，等燕子翘尾七次，就去取安产贝。然而石上麻吕过于急躁，仆人时机把握不当，没能取到安产贝。石上麻吕只好爬上竹篮，亲自动手，结果还真从燕子窝里找到一块硬硬的扁平物体。

石上麻吕大喜过望，却乐极生悲，从梁上跌下，落到厨房的一只大鼎上，摔得人仰马翻，差点背过气去，腰都没办法动弹。这时，他还是很关心安产贝，让人找来蜡烛，仔细观看，却是块干硬了的燕子粪。

做了这种蠢事，石上麻吕十分不甘，也十分羞愧，一病不起。

反倒是辉夜姬，听说石上麻吕为自己取贝而遭殃，十分同情，还去信安慰。然而石上麻吕因为没能得到安产贝，最终在痛苦绝望交织中死去了。

五个追求者都铩羽而归，辉夜姬却并未得到安宁。她的这些传说，最终惊动了日本当时最有权力的男人——天皇。天皇对辉夜姬十分好奇，派人去探看辉夜姬究竟如何美貌，居然让人神魂颠倒。

派去的使者却碰了硬钉子，辉夜姬根本就不见他。天皇有点恼火，招来了伐竹翁，威逼利诱，许诺给他五品官职，要他献出女儿辉夜姬。伐竹翁虽觉不妥，却禁不住诱惑，同时也觉得以天皇的身份，并没有辱没辉夜姬。

辉夜姬还是不买账，一副你要一定把我送进宫，我就自我了断的架势。伐竹翁虽然惧怕天皇，却更心疼女儿，只好如实回禀天皇。

天皇却被辉夜姬勾起了兴致，越是困难，他越想见。终于在伐竹翁的帮助下，见到了辉夜姬。辉夜姬的出尘美貌让天皇也心动不已，他顾不得皇家仪度，拉住辉夜姬，想带她回宫，辉夜姬却凭空消失，吓了天皇一跳，不敢再用强。

回宫后的天皇依旧对辉夜姬念念不忘，每每寄和歌以表相思，辉夜姬也一一作答，两人一来二去，感情竟渐入佳境。

但辉夜姬并不是凡人，还是迎来了她与爱人最终的离别时刻：八月十五月圆之夜，辉夜姬忽然失声痛哭，伐竹翁夫妇吓坏了，不知道她为什么哭得如此伤心。辉夜姬这才告诉他们，她原本是月宫的仙子，来到人间再续前缘，现在却是她应该返回天庭的日子，只能与父母分别了。两位老人舍不得她，哭得肝肠寸断，死去活来。辉夜姬也觉得难以割舍与两位老人的亲情，但她原本在月宫有自己的父母，现在回去也是身不由己，只能和凡间的父母抱头痛哭。

天皇得到这个消息十分震惊。他不仅同情两位老人，更对辉夜姬也十分不舍，于是派大军驻守在辉夜姬家，里里外外守得固若金汤，飞鸟都无法进入。

但是在月圆之时，辉夜姬的家中忽然光芒万丈，所有驻此守护的人全都丧失了战斗力。天空中出现很多仙人，斥责伐竹翁不知好歹，命令辉夜姬立刻返回月宫。伐竹翁虽然据理力争，却难以对抗。仙人给了辉夜姬一壶不死灵药和一件天女羽衣，要她喝药穿衣，飞升月宫。

辉夜姬只吃了一点灵药，将剩下的灵药都赠给了天皇，还写了书信给天皇，感谢他的守护，表明自己的心意。她穿上了羽衣，忘却了所有人间之事，飞升天宇。伐竹翁因辉夜姬的离去而哀痛欲绝，一病不起。

天皇得到辉夜姬的临别馈赠，又感激又悲伤，他对辉夜姬的思念与日俱增，命人将不死灵药在骏河国的最高山点燃，于是这座山成了不死之山，又名富士山，因着不死灵药，终年烟火缭绕。

二、酒吞童子

酒吞童子是日本三大恶妖之一，与白面金毛九尾狐和崇德上皇怨灵变化的大天狗齐名。他生活在公元 990 年的平安时代，是当时京都附近丹波国大江山上恶鬼的首领，有自己的宫殿，也有着特立独行的作恶风格。

酒吞童子在民间的形象经过了很多变化。传说中的酒吞童子有的说是英俊少年，有的说是大妖怪，身长三丈，虎背熊腰，头发火红，头生五角，长着十五只眼睛。《御伽草子》中的酒吞童子，出场时非常威武，身材高大，穿大格子织物，下围红袴，肤色赤红，头发稀少杂乱，手持铁杖，令人望而生畏，这就是一个山大王的形象。他喝醉时会原形毕露，身长两丈多，赤发倒竖，头上长角，满面是须，手掌如熊掌一样肥厚，活脱脱的一只野兽形象。

酒吞童子好色、残暴、狡诈，具有神通。酒吞童子的好色别具一格，他喜欢未出阁的年轻女孩。日本古代女子出嫁得非常早，通常十二三岁就已为人妇，未出嫁的都还只是些小女孩，可见酒吞童子还是个萝莉控。他不仅抢走很多少女，还残忍地杀害她们，将她们吃掉，因此尤其遭人痛恨。 当然，爱好喝酒是酒吞童子的另一个特点，所有妖怪都喜欢酒，酒吞童子更甚，他嗜酒如命，恨不得泡在酒缸里。而嗜酒者往往伴随着冲动、暴躁，酒吞童子靠酗酒聚集了一群恶鬼，最终也死在了酗酒上。

酒吞童子的来历在传说中记载得五花八门，主流说法有三种，一种说他长相十分英俊，在越后寺当小和尚，因为过于俊俏而遭人嫉妒，心生怨念，终成恶鬼。另一种说法倾向于血统论，说酒吞童子原本就是伊吹山神明的后代，却落入凡间，被和尚收留，然而他心思不纯，终于被扫地出门，他利用神通，纠集恶鬼，成为鬼王，为害民间。而在《御伽草子》中，酒吞童子原本是一个无名小妖，从小喜欢吃人肉，还吃上了瘾，变成小孩，去寺院打杂，因为纠纷将寺院里的和尚杀光，后来到了比睿山，又被高僧赶走，终于落草为寇。

不管是哪一种缘起，最终酒吞童子成了山大王，不再受朝廷力量控制。他率领恶鬼盘踞大江山，大江山正是各地去京都的必经之路，酒吞童子的所作所为令人恐惧，震撼了整个京都。由此，人、妖矛盾到了不可收拾的地步。

历史上酒吞童子总计被朝廷“收拾”了大小三次。第一次，他被官军靠人海战术捉住，砍头后，头颅被悬挂在罗生门上，然而到了夜间，罗生门上鬼影幢幢，门内还传来阴森恐怖的鬼号之声。酒吞童子变作厉鬼，继续为害京城。第二次，酒吞童子被弘法大师封印，弘法大师也就是历史上著名的高僧空海。弘法大师降服酒吞童子，却没有杀他，只是让他若干年内无法为祸人间。弘法大师去世后，封印松动，酒吞童子再次蹦出来，变本加厉地制造祸端。

酒吞童子的手下有一员大将茨木童子，原本是罗生门红色木柱精与京中风雅公子的儿子，他被父亲抛弃后流落民间，化为恶鬼，投靠酒吞童子，每夜在罗生门作怪。渡边纲是当时大将军源赖光手下的四大天王之首，他到罗生门与茨木童子大战，茨木童子的兵器被渡边纲的名刀髭切斩断，转身遁入罗生门。

此后，茨木童子幻化成妖艳女子，勾引渡边纲，却被渡边纲识破，砍掉茨木童子一只手臂。阴阳师安倍晴明告诫渡边纲，在七天之内要小心恶鬼上门。茨木童子又变化成渡边纲的养母来探望渡边纲，在骗渡边纲观看茨木童子手臂时，现出原形，夺走了手臂。

酒吞童子的另一员大将名叫鬼童丸。鬼童丸的父亲是一个富商，但是妻子在生产的时候，腹中有死胎，于是招致恶鬼，要吃掉鬼胎增长力量。鬼童丸的母亲拼命逃跑，将鬼胎藏在罗生门下后死去。父亲找到妻子的尸体，还发现了孩子。虽然他知道这个孩子是鬼胎，还是将他带回家抚养，取名鬼童。当地一个官员觊觎富商财产，诬陷他们豢养鬼子，意图不轨，将鬼童丸的父亲杀掉，亲戚问罪，并侵夺了鬼童的家产，占了鬼童家的房子。鬼童在父亲保护下躲过官兵追杀，此后偷偷潜回家中，吃掉牲畜的内脏，给官员捣乱。官员请来阴阳师追杀鬼童，鬼童逃到山中，被父亲的好友——一位铁匠所救。

这铁匠原本武艺高强，只是断了手臂无法习武，他将一身武艺传授给鬼童，帮助鬼童找到提升力量的办法。鬼童瞬间成长，铁匠为他打造了一把宝刀，名为“丸”。从此之后，鬼童又称鬼童丸。鬼童丸回到家中，杀了官员一家，但他的怨恨无法消除，又来到京城中，见人就杀，血流成河。阴阳师安倍晴明前来降服鬼童丸，利用罗生门上悬挂的琉璃镜，引出了鬼童丸母亲的灵魂，鬼童丸见到母亲后，放下屠刀，与安倍晴明约定不再侵害人类，永远在此守护母亲的魂魄。但这琉璃镜原本是鬼王酒吞童子的宝物，因此，鬼童丸此后又归顺了酒吞童子，成为鬼王手下爱将。

酒吞童子在茨木童子和鬼童丸的辅助下，势力逐渐恢复，开始将魔爪伸向京城。他先后抓走了堀河中将、花园少将、池田中纳言、吉田参议等朝廷高官的女儿——全是贵族家未出嫁的女孩，当然，还有其他人家的女孩。这不仅令朝廷愤怒，连神明们都坐不住了。

阴阳师安倍晴明告诉天皇，这些女孩在酒吞童子处凶多吉少，天皇即刻派源赖光去剿灭这伙恶鬼。这便是朝廷对酒吞童子的第三次剿灭。源赖光出行前，先带着部下去参拜了八幡、住吉、熊也三大神社，希望神明能保佑他们救出被困少女，剿灭酒吞童子。

酒吞童子虽然凶残，却也狡诈，他的宫殿用铁铸成，为的就是抵御朝廷的围剿。因此，即使是派大军前去，一时半会儿也难以剿灭，无法及时救出被掳走的少女们。源赖光只能以身犯险，带着他手下的四天王渡边纲、坂田金时、卜部季武、碓井贞光和勇士藤原保昌，几个人扮作修行者，极其低调地潜入当地，采取从内部击败敌人的战略。

刚到当地他们就遇到了三个老人，源赖光的掩饰并没有用，老人识破了他们的身份，幸好这三个老人是三大神社的神明，也想收服酒吞童子，可酒吞童子

源赖光

大将军源赖光奉命剿灭酒吞童子，救出被困的少女。他带着手下四大天王——渡边纲、坂田金时、卜部季武、碓井贞光。几人扮成行者，潜入了酒吞童子的势力范围。

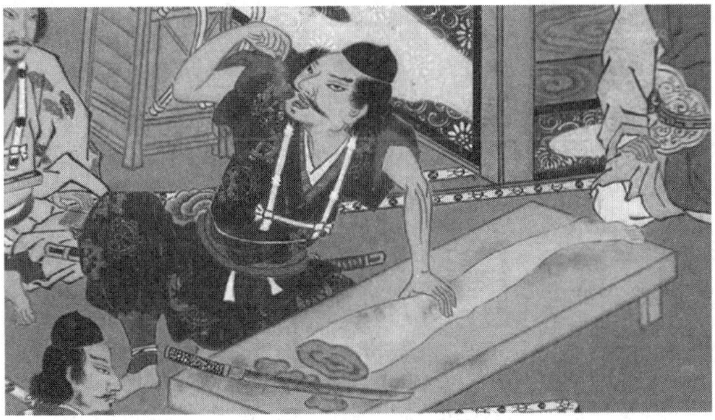

食人肉的酒吞童子

酒吞童子的人身是个俊美的青年，他爱酒、贪财、好色，又生性残暴，他将抢来的美丽少女切碎，吃肉下酒。见到源赖光一行后，他还请几人一同吃人肉，源赖光并没有犹豫，大口吃下，骗过了酒吞童子。

的鬼城有结界，神明无法进入，便前来帮助源赖光。

神明给了他们四大法宝，第一法宝是天金虫，用来克制木精之子茨木童子，第二法宝是婴镜，用来克制酒吞童子的另一员大将鬼童丸。最后，三位神明又拿出了两样法宝，一个是鬼毒酒，这酒是用恶鬼眼泪炼制的，凡人喝了神清气爽，实力倍增；鬼怪喝了会失去力量，无法反抗。另一件是七星兜甲，可以用星辰之力困住酒吞童子的头颅，使他无法复活。源赖光感谢了神明，正式进入酒吞童子的势力范围。

在大江山下，源赖光一行遭遇了鬼童丸。碓井贞光拿出了婴镜，要鬼童丸让路。鬼童丸一见婴镜，误认为是罗生门上的琉璃镜，他怕贞光伤害母亲，犹豫不决。贞光将婴镜装入盒中，绑在一匹马上，让马奔驰，鬼童丸为了救自己的母亲，不再抵抗，追马而去。到了山中，他们又遇到了茨木童子，卜部季武放出了天金虫，织出金网，困住了茨木童子。

他们还没进入铁铸的城堡就发现了花园少将的女儿，在河边哭着洗血衣，原来就在刚刚，堀河中将的女儿已经惨遭毒手。刻不容缓，源赖光带着几人迅速来到了城堡下，因为知道酒吞童子除了好色，还贪财，就假扮成迷路的古董商人，骗过了守卫，进入了酒吞童子的老巢。

酒吞童子虽然对他们有所怀疑，但自恃强大，并且在自家地盘，根本就不在乎这几个人什么来头。源赖光几人虽然憎恨酒吞童子，表面上却虚与委蛇，推杯换盏，把酒言欢。酒吞童子用人血人肉试探几人，几人却都笑纳了，终于让酒吞童子视其为同类，放下了戒心。

到了这个阶段，源赖光终于开始了下一步行动，他拿出了三神明给他的毒酒，自己先饮一杯，以显诚意。酒吞童子见几人喝都没问题，在美酒的诱惑下，终于落入源赖光的陷阱。药效发作后，几人趁酒吞童子醉酒未醒，将他绑住，源赖光翻脸动刀。酒吞童子大怒，想干掉几人，却发现力量消失了。源赖光砍下了酒吞童子的脑袋，并将他的身体切碎，酒吞童子的头却飞了起来。这时，源赖光拿出了七星兜甲，困住了酒吞童子的头，酒吞童子的部下要么被源赖光的人杀死，要么四散奔逃。源赖光救出了被囚禁的姑娘们，将还活着的姑娘们平安带回京都，还给她们的爹娘。然后，源赖光请高僧将酒吞童子的头颅封印起来，并在此处建了一座寺庙，永镇鬼王。

剿灭酒吞童子一众为京都带来了和平安宁，经此一役，源赖光名声大振，成为当时的天下第一武士，他的部下也威名震天下，成为著名的京城守护者。

三、浦岛太郎

狭义相对论中有一个名词叫“浦岛效应”，在20世纪70年代初，物理学家哈菲尔和基廷，为了验证高速运动会造成时间过得比静止时间慢的问题，进行了一场世界著名的实验。他们预备了两个高度精确的铯原子钟，将一只带上了飞机，开始了环球飞行，飞回来之后，把它与留在原地的另一只原子钟进行比较，结果发现，带上飞机的钟，竟然比地上的时钟慢了59奈秒（1秒=109奈秒），这个时间差正好吻合爱因斯坦相对论预测的数字。

不过，经常坐飞机的人，似乎并不觉得下了飞机时间就过得更慢，毕竟，人体没有原子钟那么精密，相对论也只是宇宙漫长维度中，在一定时空限度内有效的物理学说，而神话，则世代传颂。

日本的浦岛太郎传说类似于中国的《黄粱一梦》与《柳毅传》的结合体，只不过唐传奇中的《柳毅传》与日本传说中《御伽草子》里的梵天国更相似。

与前篇的辉夜姬和酒吞童子不同的是，浦岛太郎本是凡人，一点神仙血统也没有，然而这并不妨碍他有成仙的际遇。浦岛太郎的故事最早出现于8世纪的日本，日本先民将自然的时空哲学体现在神话中，以此来教化后人。

很久以前，有一个英俊善良的年轻人名叫浦岛太郎，他的家住在海边，世世代代以打鱼为生。浦岛太郎与母亲相依为命，虽然穷苦，却十分勤劳。有一天他在海边散步，发现了一只被孩子们欺负的乌龟。对于小动物来说，“熊孩子”是最危险的生物，浦岛太郎非常可怜这只乌龟，他急忙赶走了小孩，将乌龟放归大海。

过了几天，浦岛太郎正在海边钓鱼，一只乌龟从海里游出来到了浦岛太郎面前，恭敬地朝浦岛太郎鞠了个躬说：“浦岛太郎先生，我就是您上次救的那只乌龟，为了感谢你，住在海中的龙女公主希望邀请您去龙宫一游，以感谢您的救命之恩。”

浦岛太郎是个年轻人，他虽然害怕被大海吞噬，但是同时又非常好奇，于是，他没有放过这个机会，坐上乌龟的背壳进入了大海。

他在乌龟背上丝毫感觉不到海水的压力，似乎他从小就生活在水下一样自由。海底的世界异常美丽，龙宫金碧辉煌，晶莹剔透，浦岛太郎看得目不暇接，最让他吃惊的是美丽的龙女乙姬公主。

乙姬公主不仅温柔漂亮，还对浦岛太郎一见钟情，不仅因为他容貌英俊，也被他的善良所打动。乙姬公主请求浦岛太郎做她的夫君，浦岛太郎被乙姬公主打动，留在了龙宫，两人过着非常快乐的日子。

时间就这样过了三年，忽然有一天，浦岛太郎想起了自己年迈慈爱的母亲，思念之情难以自抑，于是，他打算与乙姬公主小别回去看看父母。

乙姬公主听了浦岛太郎的请求，又是震惊，又是哀伤。她哭着恳求浦岛太郎，希望他不要回去。浦岛太郎思乡心切，一定要回家看望母亲。他觉得，就回去几天而已，应该没什么问题。乙姬公主却忧心忡忡，但最终还是答应了浦岛太郎。临别时，乙姬公主对浦岛太郎依依不舍，并交给了他一个金光闪闪的盒子，并再三叮嘱他，不要打开这个盒子，如果回去遇到什么不测，在海边等着乌龟去接他就可以了。

浦岛太郎带着盒子满心欢喜地回到了家乡。到了家门口，他却发现有点不对劲儿，敲门后，开门的是一个不认识的人。

他询问那个人原来住在这里的老人哪去了，那人却茫然无知。

浦岛太郎慌了，他不知所措，没有任何人能告诉他究竟发生了什么。他看看手里的盒子，这是他与公主之间的唯一的联系。浦岛太郎当然记得公主的叮嘱，但他实在太孤独、太焦虑了。最终他还是打开了盒子。

盒子分为三层，第一层是一片洁白的仙鹤羽毛，浦岛太郎摆弄了一下，发现它除了十分美丽，并没有什么用。当他打开第二层时，“嘭”的一声，盒子中冒出了一阵骇人的白烟。浦岛太郎看了看盒子，里面空空如也。原来，被他看作

浦岛太郎回到人间寻亲

浦岛太郎在龙宫待了三年，终于回家，却发现沧海桑田，物是人非，母亲早已故去，家乡变成了陌生的地方，他已无家可归。

是希望的盒子，竟然是一场空。

这还不是最痛苦的，更让浦岛太郎绝望的是，他打开了第三层，里面放着一面精致的镜子。浦岛太郎看着镜中自己的脸，他乌黑的头发已然变白，曾经英俊的脸上布满皱纹，明亮的眼睛变得浑浊，他的身体变得佝偻，他已经变成了一个老态龙钟的白发翁。

他的青春在他打开盒子的一瞬，化作轻烟飞散了。

浦岛太郎的心中空落落的，忽然，他手上白色的仙鹤羽毛飘然而起，在他身周盘旋，似乎要引导他去什么地方。浦岛太郎好奇地跟着羽毛，走了很久，来到了一片墓地。

仙鹤羽毛落在一个破旧的墓碑前。浦岛太郎看到墓碑上的名字，忽然放声大哭。原来他苦苦寻找的母亲早已过世，就在他离开家去龙宫的那一年。看到其他崭新的墓碑他才发觉，从当初离开，到现在归来，其间已经过了 300 年。

顿时，浦岛太郎觉得自己被世界抛弃了，他不再有亲人，也不再有朋友，他十分后悔，当年抛弃母亲去龙宫寻欢作乐，使母亲在失去儿子的痛苦中悲伤而孤独地离开人世。

孤单的浦岛太郎依旧期望乙姬公主接他回龙宫。然而，他背弃了诺言，失去了年轻英俊的容貌，变成了老翁，乙姬公主不会再派乌龟来接他。白发苍苍的浦岛太郎只能日复一日地坐在海边等待，直到生命的尽头。

这个故事在《日本书记》《丹后国风土记》中都有所记载，而《万叶集》的诗歌中，也有“水之江的浦岛之子”。《日本书记》中的浦岛太郎神话并不存在龙女，而是他所救的乌龟变成了美女，带他到了蓬莱山。在《丹后国风土记》中，主人公的名字却是筒川屿子，而他所救的，是仙女龟比卖化身的五色龟。

到了平安时代，又出现了《浦岛子传》《续浦岛子传记》《水镜》等关于浦岛太郎故事的记述。镰仓时代、室町时代乃至江户时代，浦岛太郎的故事也被不断演绎与丰富，最著名的当属《御伽草子》中的《浦岛太郎》。在日本，很少有人不知道浦岛太郎传说。而浦岛太郎手中的盒子，也正如西方神话中潘多拉的魔盒，代表着人类对禁忌的窥视，以及对自然神权威的挑战。同时，也是人类对生命长度及时空维度在更广阔的方向上的想象与探索。很多自然科学的大胆设想与跨越式进展，正是来自于寄托了人类夙愿和想象力的神话故事。

四、无耳芳一

鬼神好雅乐，他们与人的寿禄不同，在漫长的黑暗中，度过极其无聊的岁月，因此，优美的乐声很容易招致鬼神。无耳芳一精妙的琵琶声，就招来了平家的鬼魂。

芳一是个盲乐师，他的身世来历众说纷纭，有说是从小拜名师学习琵琶，有说他曾经是平家的武士，后叛主投敌，被敌人弄瞎了眼睛，只好四处流浪卖唱为生，也有说，芳一只是个普通的盲人而已，虽通琴技，却潦倒无依。

有一天芳一到了坛之浦，寄宿在阿弥陀寺中。冥冥中似乎自有天意在如此安排——坛之浦合战是源平之战中最著名的战役，也是最惨烈的一战。经此一役，称霸日本的平氏一族被新崛起的源氏打败，幼帝安德天皇被祖母抱着投海自杀，平氏从此一蹶不振。芳一最擅长弹奏的琵琶曲目，就是《平氏物语》。

作为一个流浪的盲人乐师，芳一比较幸运，阿弥陀寺的住持是个风雅之人，非常喜欢听芳一弹琵琶，两人成了知音，住持收留芳一住在寺中，芳一也十分感激住持。

夏日的一天夜晚，芳一正在寺庙的长廊中弹奏琵琶，偏赶上住持外出访友，良久未归，芳一便独自弹奏起了他所擅长的《平家物语》，在琵琶声中，金戈铁马，战云密布，天地变色，如泣如诉，令闻者仿佛置身于当年源平大战的最终战场。

芳一自己也深深地投入到了演奏中，浑然未觉入夜已深。忽然，有人大喝一声："芳一！"芳一的琴声戛然而止。在那个时代，直呼其名是上位者才有的口吻。来者是一个武士，他要求芳一立刻跟他走一趟，他的主人是一个大人物，正在游历中，途经此地，要听芳一的演奏。

芳一不敢反抗，那个时候普通人无法反抗武士的命令，更何况他只是一个流浪的盲人。而且，武士身上甲胄的声音更让芳一断定对方来头很大，说不定是割据一方的某位大名。于是，在武士的带领下，芳一离开了阿弥陀寺。

不知走了多久，芳一随着武士走进了一个有着高高台阶的府邸。府邸非常大，芳一无法用眼睛判断，却可以用脚丈量距离。最终大概是到了正厅，芳一双耳灵通，从里面说话的人声可以判断，这房间极大，高耸而空旷。

武士的主人说话了，是一个年迈的女人的声音，她要求芳一为她演奏《平家物语》。

芳一十分为难，《平家物语》通篇极长，全部演奏一遍，需要不眠不休地演奏几天。芳一离开寺院，还没有跟住持或寺中的任何人打过招呼，他怕住持担心他。因此，芳一向主人禀明，并询问主人需要演奏哪一段。

主人沉吟了一下，要他演奏坛之浦合战这一段。

这正是平家覆灭的一段，芳一转轴拨弦，辗转弹奏，娓娓唱来：

那时战火烧红了半边天，鲜血浸染海浪。二位尼怀抱着幼帝，泪水涟涟向源氏求饶，哭声凄然又绝望，孤儿寡妇惊慌颤抖。源氏凶残如狼，刀兵相逼，要么投海自裁，要么死在刀下。二位尼沉默良久，抱起幼帝，转身面向大海。安德天皇问奶奶，你要带我去哪里？二位尼心如刀绞，泪如雨下：咱们大家一起走，去那没有烦恼的地方。幼帝母亲建礼门院，手捧着神器草薙剑，凄然斥责凶狠的源氏：这把传国神剑，宁可永沉海底，也不能落入逆贼之手！她携剑跳入茫茫大海。从此后，平氏一族消亡了。

芳一琴声入心，歌声哀婉，听得在座的人纷纷恸哭。芳一莫名其妙，被吓得不敢再弹。

那些人哭了一阵，渐渐止住哭声，最初请他弹奏的年迈女人对芳一赞赏有加，邀请他明日再来这里弹奏。

芳一虽然觉得不妥，但碍于对方的威压，不敢不从，只能应允了。

回去的时候，带他来的武士告诫他，这事不能告诉任何人，因为他家主人是微服出访，不希望别人知道。芳一当然明白这种大人物肯定有其苦衷，便答应了。

芳一深夜归来，急坏了阿弥陀寺里的人，毕竟他是个盲人，住持很担忧他出事。芳一记得武士的叮嘱，只说自己睡不着，出去散心了。

芳一为贵人演奏的坛之浦合战

芳一弹着琵琶，演奏着悲壮的坛之浦之曲。坛之浦海浪中，源氏将平氏逼入绝境，二位尼带着幼帝投海，平氏最终覆灭。

弥陀寺的住持自然不信——出去散步，没必要背着琵琶。他第二天晚上派人悄悄跟着芳一。然而，跟踪的人却被吓坏了。他看到的是：深夜里，芳一独自一人跑到阿弥陀寺后的墓地，在一座墓碑前，跪着弹奏了半天琵琶。

住持终于明白了，他找来芳一告诉他，那些半夜要求他弹琴的人是墓地里平氏的亡灵。芳一也被吓得不轻，十分后怕，但他更害怕的是，接下来那些人还会找他去弹琴。

住持却有对策，任它是何方鬼怪，终究还是敬畏佛法的。住持在芳一身上写满了般若波罗蜜多心经，只是稍有疏忽，耳朵上忘记写经文了。

当天夜里，他告诫芳一，无论听到什么都不要说话，也不要动。芳一虽然心中恐惧，却只能相信住持。

当夜，芳一等在寺中，之前那个武士又来唤他，芳一却闭口不言，纹丝不动。武士找来找去，找不到人，只看到了芳一的琵琶，以及浮在空中的一双耳朵。

武士十分气恼，揪住芳一的耳朵："找不到人，我就只好拿你的耳朵交差了。"他一用力，扯下了芳一的耳朵。顿时，芳一疼得死去活来，却一声也不敢出，只能忍耐。

武士带着芳一的耳朵扬长而去，再也没有回来，芳一总算保住了性命。

从此以后，芳一失去耳朵的事也从阿弥陀寺中传扬出去。很多达官贵族出于好奇，请芳一去府上弹奏，却被他高超的琵琶技艺打动。芳一因祸得福，声名远播，人们都称他为"无耳芳一"。

第八章
草子物语（下）

一、瓜姬物语

无论是桃太郎还是竹取物语，都有一个共同特点，就是主人公的来路十分传神，要么是桃子里切出来的，要么是竹子里劈出来的。这不是日本文化的独创，中国古代也有“天命玄鸟，降而生商”，商代的先母简狄，吞了一只黑色的鸟蛋，生下了商的先祖契。那时候还是母系社会末期，人只知其母，所以杜撰出神秘的玄鸟，体现天命归商，使王权更加正统化。民间也有类似的，比如人们熟知的《西游记》中的孙猴子，就是从石头里生出来的，其身世更加扑朔迷离。

这个故事的主人公瓜姬也绝非凡品，她来自一只瓜，有着天赋的神性。

日本古时，石上乡有一对老夫妇，很多年也没生出孩子。他们求神拜佛，却并没什么效果，他们只是责备自己福德不厚，依旧虔诚拜神，希望神能赐给他们一个孩子。

老夫妇以种瓜为生，有一天，他们在瓜田里看到一个成熟的小甜瓜，觉得这瓜无论从纹路、形状还是色泽来看都异常漂亮。老奶奶说这要是一个孩子就好了，肯定是个漂亮的女儿。老爷爷说，既然喜欢就把她带回家吧。老夫妇将瓜摘下泡在凉水里，准备等白天天热的时候再吃。

这天晚上爷爷做了一个梦，梦见神出现在他的面前赠给他一个绣球，让他将这个绣球送给自己的女儿。老奶奶惊喜交加，醒来后，跟老爷爷分享这个美梦。老爷爷告诉她，他也做了一个梦，自己送了个书箱给一个很好看的小女孩。两人同时叹了口气，认为是因为太想要个孩子了，才会做这样的梦。

白天非常炎热，老夫妇在田间劳作，十分口渴，他们想起了泡在水桶里的甜瓜，一起回去观看，却发现甜瓜已经裂开，里面坐着一个非常漂亮小巧的女孩。

老两口异常欢喜，他们终于有了自己的孩子，神灵给予的梦境成真了。他们感谢了神明，对小女孩悉心照料，给她取名瓜姬。老两口毕竟年纪大了，女儿还小，于是，他们不仅耐心教导瓜姬，还日夜向神灵祝祷，希望神明保佑这孩子平安长大，幸福到老。

瓜姬平安地成长着，让老夫妇惊喜的是，她出落得太美了。长发如黑色瀑布，眉如远山，面色如樱花，明眸皓齿，看过的人都为之动容。她的美名传出了十里八乡，当地的守护代都慕名而来，希望瓜姬的父母将女儿嫁给自己。

瓜姬的父母却并不为之所动，他们是真心疼爱这个女儿，于是借口瓜姬年纪太小，没有应允。守护代非常执着，一直不停地求婚。最终，瓜姬的父母被他的诚心打动，终于答应将瓜姬嫁给他为妻。

守护代非常高兴，开始着手准备迎娶瓜姬，这个消息被天探女知道了。

天探女名叫天邪鬼，是日本神话中邪恶的妖怪，她原本是上古女神，能探知高天原八百万诸神和人类的心思。虽然也曾是神祇，然而她天性叛逆，害了天上的神鸟，触怒了天神。她喜欢恶作剧，善于变化，又面容丑陋苍老，嫉妒心重。经常给人带来灾难。

瓜姬既美貌，又即将嫁给守护代，开始幸福的生活，这让天探女妒火中烧，决定不仅要破坏这桩姻缘，更要取而代之，自己嫁给守护代。她来到瓜姬家，扮作守护代的家人，先来给老夫妇送信，说守护代有事相商，让他们先过去。老夫妇虽觉得蹊跷，却不敢不去，只是临走前叮嘱瓜姬，他们不回来，不给任何人开门。

两人走后，瓜姬独自在家，不久就听到了敲门声。

邪恶的天探女

天探女丑陋而邪恶，善于嫉妒，工于心计，喜欢捉弄别人，她曾经蛊惑天若日子，杀了天照大神派去人间查探的神鸟鸣女。她嫉妒瓜姬能够嫁给守护代，企图冒充瓜姬出嫁。

瓜姬虽然不开门，却问："是谁？"

门外传来一个苍老的女人声音："我是住在你附近的乡亲，得知你要出嫁了，特地送花来恭喜你的。"

瓜姬将信将疑，但单纯的她认为对方既然是一番好意，总不能让人家失望，于是将门打开了一条缝朝外看去。门外是一个普通的陌生妇人，手中的花却鲜艳美丽，飘出阵阵芳香。瓜姬信以为真，正要感谢时，那女人却丢掉了花，一把推开门，不由分说将瓜姬捉住，带出去，捆在了村外小路旁的柿子树上。

然后，天探女回到了瓜姬家，穿上了瓜姬的嫁衣，等待守护代的迎娶。

守护代的迎亲队伍浩浩荡荡来到瓜姬家里，却没有看到老夫妇。不过他们迎娶的是瓜姬，见新娘子就在房间里等着他们，也没多问就送上了轿子。

天探女坐在轿子上，心满意足。这时，她忽然想起了吊在柿子树上的瓜姬，便叮嘱轿夫，村子里的小路太颠簸，又很黑，她有点害怕，请轿夫一直走大路。

轿夫虽然应允了，却对当地的路不熟，走着走着还是走到了柿子树下。吊在柿子树上的瓜姬早就明白了天探女的阴谋，她看到守护代迎娶了冒牌新娘，走到了自己附近，却苦于嘴巴被天探女堵上了，根本发不出声音。

这时候树林里传出清脆的鸟儿的歌声："美丽的新娘被绑在树上，丑陋的妖女被迎娶回家。"

这只鸟正是当年被天探女害死的神鸟的灵魂所化。见天探女又在凡间作恶，它看不下去，跳出来伸张正义。

天探女听到这歌声神色大变，她连忙大喊："快走快走，这怪鸟在胡说八道！"

守护代十分聪慧，他觉得很蹊跷，便让属下去搜了树林，果然找到了被捆在柿子树上的女孩。美丽的瓜姬哭得梨花带雨，守护代立刻明白了是怎么回事，带人回到轿子，将天探女捉住，脱下了婚装，才发现是个又老又丑的妇人。

他们将天探女带回宇陀郡，对她处以极刑。天探女被杀掉，血染红了枫林。

打败了邪恶的妖怪，从此瓜姬与守护代过上了幸福的生活。

二、舌切雀

《舌切雀》是日本民间的流行神话物语，故事的主人公是一只神奇的雀鸟，它不仅能唱歌说话，还能辨善恶，有自己的情感，能报恩与仇。

日本的民间神话故事中有非常多的“老夫妇”，他们或住在深山，或住在海边，或住在偏僻小村，总之都是挣扎在温饱线上的平凡老人。《舌切雀》故事中的老夫妇就住在深山里，他们整日劳作，勉强度日。老爷爷是个善良人，老婆婆却性情古怪，脾气暴躁。

有一只受伤的小麻雀在路边奄奄一息，它很幸运地遇到了老爷爷。老爷爷将它带回家，不仅为它包扎伤口，还喂食喂水，悉心照料。老婆婆却非常不满，捡了个受伤的麻雀有什么用？把它煮吃了都没多少肉，还浪费粮食。老爷爷却不以为然，一只小鸟才能吃多少粮食？真是太小气了。他依旧对小麻雀很好，每天回家都陪着小麻雀。

在老爷爷的照顾下，小麻雀一天天好起来，它感激老爷爷，每天老爷爷在外干活回来后，小麻雀都会唱起欢快的歌讨老爷爷欢心。

老婆婆讨厌这只麻雀，觉得它不仅浪费粮食，还制造噪声。虽然老爷爷开心，她却很不高兴，念叨着早晚要收拾这只小麻雀。

一天老爷爷要出去干活，出门前叮嘱老婆婆，让她帮忙喂一下小麻雀。老婆婆却去河边洗衣服，完全忘记了喂小麻雀的事，小麻雀饿坏了，看到桌上有半碗米糊，就吃了一小口，却发现米糊异常美味，于是又吃了第二口，忍不住又吃了第三口，直到把整碗米糊都吃光了。

老婆婆洗完衣服回来，准备将早上剩下的半碗米糊吃掉，却只看到了空空的碗。暴躁的老婆婆抓住了小麻雀：“你这个偷食物的贼，看我怎么处理你！”

小麻雀不住地向老婆婆道歉，却无法消除老婆婆的怒火。最后，老婆婆拿起剪刀剪掉了小麻雀的舌头。小麻雀痛苦万分，夺门而出。

老爷爷回来后发现小麻雀不见了，就询问老婆婆它去哪里了。老婆婆并不说自己忘记喂食的事，只说小麻雀偷吃了米糊，所以自己一怒之下将它的舌头剪掉，这小鸟畏罪潜逃了。

老爷爷一听急坏了，立刻出门去找小麻雀，可天地茫茫，哪里能再见到小麻雀呢？老爷爷寻到一座桥边，看到一只蝙蝠倒挂在树上，就问蝙蝠有没有看到一只舌头断了的小麻雀。蝙蝠告诉他，过了这座桥，再翻过前面那座山去找找。老爷爷道了谢，翻过险峻的高山，却依旧没看到小麻雀。他向一只田鼠询问小麻雀的下落。田鼠告诉他，穿过前面的树林找找看或许能找到。老爷爷穿过茂密的树林，看到一条小河。河边，一个马夫正在给马洗澡。老爷爷跑过去询问马夫，马夫看了他一眼，说："看到了，它的舌头断掉了，真是好可怜，是你干的坏事？"

老爷爷不知道该怎么回答，他诚恳地对马夫说："请你帮帮忙，我一定要找到它向它道歉。"

马夫叹了口气，说："这样吧，你把那桶水喝了我就告诉你。"马夫的桶里装的是他洗马后的脏水，又黑又臭，苍蝇围着嗡嗡叫。老爷爷毫不犹豫就喝光了洗马桶里的水。

马夫看到了老爷爷的真诚，告诉了他："前面有片草地，有个牛倌在放牛，他知道小麻雀现在在哪里。"

老爷爷继续踏上寻找小麻雀的旅途。他来到草地看到牛倌正在放牛，就上前询问："您有没有看到一只断了舌头的小麻雀？"

牛倌非常鄙视地看着他："小麻雀没了舌头，太可怜了，是你剪的吧？"

老爷爷没法辩解，只是真诚地说："请你帮帮忙，我一定要找到它，向它道歉。"

牛倌冷冷地说："我现在不想告诉你，你帮我把这些牛喂了再说。"老爷爷二话没说，蹲下开始拔草，他已经很累了，却依旧将所有的牛都喂饱了。

牛倌终于不再生气，他告诉老爷爷，小麻雀就住在前面那片竹林里，那里是它的家。

老爷爷谢过了牛倌，径直奔向竹林，来到了小麻雀的家门口。他敲了敲门，开门的是小麻雀的爸爸妈妈。它们告诉老爷爷，小麻雀现在已经不能说话了。

老爷爷难过地说："对不起啊小麻雀，是我没照顾好你，让你变成这样，

舌切雀一家热情地招待老爷爷

被切了舌头的小麻雀没有责怪老爷爷，它的父母盛情款待了老爷爷，在临行前还送给他礼物。

我是专门来道歉的，请你原谅我们吧。”小麻雀虽然说不出话，却一个劲儿地摇头，想告诉老爷爷它并没有生老爷爷的气，也并不怪他。

麻雀一家盛情款待了老爷爷，天色渐晚，老爷爷该回家了。他向小麻雀一家道别，并告诉小麻雀有空就会来看它。

小麻雀将老爷爷送到门口递给他两个竹篮，麻雀爸爸说：“这两个竹篮，请您选一个带回去吧，是我们送给您的礼物。”

老爷爷选择了小竹篮。他说：“我年纪大了，就拿个小的吧，谢谢你们的馈赠。”

就这样，老爷爷告辞了麻雀一家，沿着来时的路回到了家中。

他将途中的所见所闻告诉了老婆婆，老婆婆拿过小竹篮，打开一看，惊喜万分，原来，小竹篮里面装了金光灿灿的金币和很多名贵的丝绸。

老爷爷告诉老婆婆，临别时，小麻雀给了他一大一小两个竹篮，他选了个小的。

老婆婆一听立刻骂他是蠢货，还怂恿老爷爷回去把那个大竹篮拿回来。老爷爷对老婆婆的不知足非常恼火，不再搭理她，径自出门干活去了。

老婆婆心有不甘，自己踏上了去小麻雀家的路。沿着老爷爷走过的路，老婆婆很快到了小麻雀家。为了得到大竹篮，她假装向小麻雀道歉。

小麻雀没有戳穿她，招待她吃了饭，在她临走时，也拿出了一大一小两个竹篮。老婆婆拿起大竹篮，连句再见都没说就走了。

大竹篮满满当当，非常沉重，老婆婆费尽力气终于扛到了家门口。她按捺不住好奇心，打开了大竹篮：里面没有金币和丝绸，却爬出一群群的蝎子蜈蚣，还有各种各样的妖怪！

三、一寸法师

一寸法师出身贫寒，是摄津国难波一对普通夫妇的孩子，这对夫妇多年不孕，四十多岁时到住吉神社祈祷，才得到第一个孩子。没想到，这孩子却只有一寸高，吃多少东西都长不大。一寸法师的父母对这个孩子非常疼爱，尽管他到了十二三岁，身高依然只有一寸长。

与一寸法师同龄的孩子都觉得他是个怪物，每天嘲笑他，他的父母都很难过。一寸法师看出了父母的忧虑，对父母说：“我整天在家也很无聊，不如让我去京都闯世界，也许能够学到很多有用的东西，干出一番大事业。”他不顾父母的阻止，踏上了旅程，去寻找自己的未来。

带着父母用绣花针和稻秆做的宝剑和剑鞘，头上扣着一个小木碗做成的帽子，拄着筷子做的手杖，一寸法师离开住吉津，直奔京都。

因为他个子小，找不到方向，路上遇到蚂蚁，就向蚂蚁打听去京都的路。一路遇到河流，一寸法师就摘下他的小木碗，用筷子手杖做桨划船渡河。河流虽然并不湍急，可有时会有树叶和鱼漂过来，让小木碗打转，机智的一寸法师就用筷子桨拨开，稳住木碗。经历了种种艰险，一寸法师始终无畏前行，终于抵达了梦想中的京都。

京都的繁华让一寸法师十分兴奋，他小心躲避着行人的脚步、马蹄及车轮，到达了四条、五条城。街市的热闹与商品的琳琅满目让一寸法师目不暇接，不过他可不是来玩的，始终没有忘记自己的初衷。

一寸法师看到一个门面阔气威武的大宅，那正是三条大臣的府邸，他决定去碰碰运气。

“打扰了！”一寸法师敲响了大宅的门。门开了，看门人向四周一望，根本没人，刚要把门关上，下面传来了响亮的声音：“打扰了，我想求见三条大人。”

看门人还是看不到他，一寸法师于是跳到了他的脚上，再次大喊：“我在这里呢。”看门人终于看到了一寸法师，他觉得这个小个子很有趣，于是带着一寸法师去见三条大臣。

在三条大臣宽阔的客厅里，一寸法师坦然地走向三条大臣。三条大臣朝他摊开手，一寸法师就走到大臣的手掌心，施施然朝他行礼。

“你来拜访我，有什么需要我帮助吗？”三条大臣微笑着说。

“不，我是来保护您的。”一寸法师自信地说。

“哦？”三条大臣觉得越发有趣，“你这么小巧，要如何保护我呢？”

“我可以在您的怀里保护您！”一寸法师说着，拿出了自己的用绣花针做的剑给三条大臣看。

三条大臣并没有把他的话当真，此时，一只马蜂飞了进来，绕着三条大臣转。一寸法师看准时机一跃而起，一剑刺中了马蜂。三条大臣觉得一寸法师还是有点用处的，便将他安排在了自己的女儿春姬身边。

一寸法师于是陪伴在了春姬身边。春姬读书的时候，他跟着学习；春姬绣花的时候，他就在旁边练习剑道。就这样过了很久平淡而快乐的日子，春姬习惯了一寸法师的陪伴，一寸法师也爱上了美丽善良的春姬，并暗暗发誓一定要娶春姬为妻。

这一天，天气晴朗，春姬要去清水寺祈福。当时的京都人与鬼怪共存，非常混乱，危机四伏。三条大臣为了保护春姬，将身边最孔武有力的家臣都派去跟随春姬出行。

一寸法师也要去，于是，春姬就将他藏在自己宽大的腰带扣里。

参拜了清水寺，众武士保护着春姬准备回府，正在这时出事了：一阵邪风吹来，飞沙走石，天昏地暗，风声夹着妖物的吼声，所有人都胆战心惊。一片晦暗中出现了赤青双鬼：赤鬼拿着金刚杵——它代表着贪欲；青鬼拿着狼牙棒——它代表着愤怒。两只恶鬼的出现吓坏了负责保护春姬的武士，一大半自觉不敌，转身就跑，全忘了自己的职责和平日里三条大臣的厚待，还有两三个虽然忠心耿耿，奈何实力不济，很快就被赤青二鬼打趴下了。

赤青二鬼正想掳走春姬，没想到，春姬的腰带里跳出了一个小人，举着绣花针朝赤鬼冲过来，一下子就跳到赤鬼的嘴里，赤鬼没留神，一口就把他吞到了肚子里。突然，刚刚还得意扬扬的赤鬼大叫一声，满地打滚，原来一寸法师在他肚子里用绣花针猛戳赤鬼的肠子。

赤鬼没办法，只好吐出了一寸法师。在一旁的青鬼挥起狼牙棒冲着一寸法师一通乱砸。一寸法师不仅辗转腾挪躲开了青鬼，还找机会刺瞎了青鬼的眼睛，让他一跤跌落悬崖。

赤鬼看到青鬼死了，转身就逃，连自己的兵器都丢下不要了。

一寸法师请春姬捡起赤鬼丢下的槌告诉她，这叫万宝槌，能实现人的任何愿望，他希望春姬帮他实现自己的愿望。春姬拿起万宝槌，挥动起来，说出了一寸法师的愿望——希望身体能变高变大。

“砰”的一声，一阵白雾过后，一寸法师从白雾里走出来，已经有了和正常人一般的身材。

在一寸法师的护送下，春姬平安回到了府中，将自己遭遇大难、一寸法师智勇双全、舍命相护的事告诉了父亲。她想嫁给一寸法师，终生陪伴在他身边。

三条大臣看到身材高大又相貌堂堂的一寸法师，既惊喜，又感激他对女儿的救命之恩，同意了他们的婚事。

三条大臣的女儿和一寸高的小人儿结婚了！这消息在京城不胫而走。天皇听说后，也十分好奇，他召见了一寸法师，见这个小伙子勇武英俊，十分喜爱，当即封他为少纳言。

一寸法师带着美丽的妻子衣锦还乡，他年迈的父母简直不敢相信这一惊喜——仅仅是一寸法师变成正常人一样大，就已经让他们喜极而泣了。

从此，一寸法师和春姬在一起过着幸福快乐的生活，最终官拜大纳言，子孙成群。

第九章
民间神话

一、桃太郎

桃太郎是日本五大民间神话传说之一，是关于正义与邪恶的故事，同时也是历经千难万险，依靠勇气与智慧，获得财富与幸福生活的故事。

很久以前，有一对孤苦的老夫妇生活在海岛上，他们每日辛勤地劳作，却只能勉强度日。

有一天，老婆婆在河边洗衣服，忽然看到水面上漂来了一只像小木桶一样大的桃子。老婆婆捞起桃子，用洗衣盆装起来抱回了家。家中的老爷爷看到大桃子也乐得合不拢嘴，这么大的桃子，大概只有神界才会有。

老婆婆将桃子一分为二，桃子的核也裂开了，从中跳出了一个小男孩。老夫妇欣喜万分，决定收养这个孩子，因为他是桃子中出生的，就给他取名为桃太郎。

桃太郎拿起一半桃子自己吃，又将另一半桃子送给老夫妇。他吃完了桃子，很快就变高变大，成了一个英俊少年，老夫妇吃了桃子立刻变得年轻了很多。

就这样，三个人开始生活在一起。

桃太郎看到家中贫困，父母每天都非常辛苦，心中十分不忍。一天，他和村里人聊天，听说在海的那一边有一个鬼岛，上面住着很多厉害的妖怪，还有一个领头的大魔王。他们经常抢劫附近的村庄和路过的商船，金银财宝堆成小山，官兵都拿他们没办法。

桃太郎不由得心动：如果能杀了大魔王平定鬼岛，不仅能为百姓们除害，还能得到妖怪们的财富，让老爷爷和老奶奶不再贫苦。

桃太郎便回家与老夫妇商量，要去鬼岛消灭大魔王。老夫妇很担心，但桃太郎的决心已定，老夫妇只得同意。老婆婆心疼桃太郎，临行前做了很多糯米团子。这些团子添加了特殊的材料，吃了之后能让人力大无穷。

桃太郎带着糯米团子告别了老夫妇，踏上了讨伐大魔王的征程。

在路上，他用糯米团子收服了一只小白狗、一只小猕猴和一只绿雉鸡作为自己的随从。

到了海边港口，一个勇敢的船夫十分钦佩桃太郎，将他送往鬼岛。鬼岛负责站岗的妖怪看到一个健壮的少年带着奇怪的动物军团气势汹汹地跑过来，吓得连忙关上了大门。但是关上门也无济于事，绿雉鸡拍打着翅膀飞入城内，专啄守门妖怪的眼睛，妖怪吓得抱头鼠窜，猕猴攀上城墙，顺着城墙进入城内，打开城门，将桃太郎放了进来。

妖怪们将桃太郎和他的三个随从团团围住。桃太郎吃了一个糯米团子，立刻变得力大无穷。他挥起拳头，将妖怪打得七零八落。这时，大魔王出现了。他比其他的妖怪都高大剽悍，他怒火中烧，朝桃太郎扑过来。

说时迟那时快，白狗扑上去咬住了大魔王的脚，使他不能前进。猕猴在大魔王身上乱窜乱挠，让大魔王心烦意乱。绿雉鸡狠狠地啄大魔王的眼睛，被大魔王啄得睁不开眼。这时，桃太郎将剩下的糯米团子全部吃掉，迸发出惊人的神力，将大魔王打翻在地。大魔王连连告饶，答应交出所有的金银财宝。桃太郎让他发誓不再祸害百姓，离开鬼岛，永远不再回来。

就这样，桃太郎带着满船的金银财宝得胜而归。他将这些财宝分了一部分给乡亲们，剩下的带回家孝敬父母——老夫妇从此过上了富裕的生活。

桃太郎为民除害，得到了村长和县官的嘉奖，后来还娶了县官的女儿，从此与父母和妻子过着幸福的生活。

二、雪女

日本的雪是冬季不败的美景，其独特的海洋性气候，令冬日和国披上了洁白的嫁衣。下雪时，整个世界银装素裹，异常美丽。然而白雪虽美，凛冽的寒冷却让人无法忍受。“爱恨交加”是日本人对待“雪”中诞生的神明的态度。

相传有一对樵夫父子曾在雪夜翻越深山。雪越下越大，父子两个躲进了山中一个荒废的小木屋中。老樵夫很快就睡着了。年轻樵夫躺在杂草上翻来覆去睡不着。忽然，门开了，一阵风雪涌入，随之进来的是一个白色的影子。借着雪光，年轻的樵夫看清了，那是一个女子，她肌肤胜雪，身段婀娜，穿着白色的和服，美丽的容颜恰似冬日灰白的苍穹，长发如雪，恍惚间不知是雾霭还是流苏。

年轻樵夫吓得不敢出声，这女子走到老樵夫身边，俯下身，对着老樵夫吹出一股白色的寒气，老樵夫的身体瞬间僵硬，雪片覆盖在身体上，不久就结了一层冰。

年轻樵夫明白了，这女人正是雪山中的妖神雪女，这间木屋是她的住所。父子两个误打误撞，闯进了凡人不该侵犯的领地。雪女冻结了老樵夫，又来到年轻樵夫面前，与年轻樵夫对视良久。她没有冻死年轻的樵夫，只是让他发誓，今夜在这里看到的一切，到了外面都要守口如瓶，不准泄露一个字。

年轻樵夫战战兢兢地答应了，他出了小木屋，再也不敢停留，一路奔跑着离开了雪山，回到家里，只说父亲因暴雪跌入悬崖，尸骨无存，没敢将雪女的事告诉任何人。

过了几年，一个美丽的女子来到了他的门前，向他讨口饭吃。世道混乱，流离失所的人很多，年轻樵夫收留了这个女子。不久，这女子就成了他的妻子，还为他生了个儿子。樵夫努力劳作，一家三口日子越过越好，夫妻两个恩爱和睦，无话不谈。但是，有一件事始终萦绕在他的心间不吐不快，那就是当年在山中遇到雪女的事。这事成了他的噩梦，那个恐怖而冰冷的女人经常光顾他的梦乡。

雪 女

雪女是山神的属下，冰雪世界中最权威的力量。雪是轻柔、纯洁又冷漠的，雪女也是善恶莫测的鬼神。传说中，她被违背誓言的情人抛弃，死在大雪后的深山中，化作山中妖神。雪女会出现在雪天，欺骗山中的行人，报复那些违背誓言的男人。

在一个大雪之夜，樵夫将雪女之事全告诉了妻子。谁知妻子听到后忽然泪流满面。她打开门，风雪之中，她的头发变得雪白，衣服也变成了白色和服——正是当年樵夫在雪山上遇到的雪女的模样。

经过这么多年，樵夫还是违背了誓言，雪女既生气又伤心。她将孩子交给丈夫，就这样消失在了风雪之中，留下悔恨万分的樵夫独自抱着孩子伤心。

三、招财猫

在日本的很多店铺里，朝着门口的位置都放着一只笑眯眯的胖猫。这猫是瓷质的，一脸福相，人们供奉它是为了招徕客人以聚财，因此，这猫也称为招财猫。

中国的唐代也有类似的猫传说，俗语云："猫洗面过耳则客至。"猫宁静而神秘，柔软又富有灵性，爱撒娇讨人喜欢，放在门前确实能吸引人。不过在日本，招财猫也被奉为神明，是八百万神之一。

猫成神还要从德川家光时代的第一忠臣井伊直孝说起。井伊直孝是彦根藩的藩主，此人酷爱打猎，有一次出门猎鹰，途经一座破旧的寺庙，忽然下起雨来，直孝便在门前躲雨。这时，一只白猫在寺庙的庭院内向他招手。

直孝看着有趣，就随着白猫进寺。他刚到院内，忽然一道霹雷闪过，正中寺庙大门，直孝一身冷汗，幸亏被小猫引入院中！此后井伊直孝重修了寺庙，捐赠了大量的财物。这座小庙成了井伊家的菩提寺，也就是后来著名的豪德寺。那只救了井伊直孝，也为豪德寺带来好运的小白猫得到了寺庙住持的悉心喂养，死后被隆重地葬在寺中，并获得供奉。

从此，这只小白猫便成了豪德寺的福神，被称为"招福猫儿"，豪德寺还专门建了招猫殿，殿内供奉着招猫观音，豪德寺也从此被称为"猫寺"，聚集了成千上万的"招财猫"像。渐渐地，招财猫的信仰传播开来，民间也开始供奉招财猫。随后，关于招财猫的另一个传说也逐渐流行开来，这是一个关于财运与努力的励志故事。

传说在江户时代，商业发达，著名的染布业商家越后屋生意十分兴隆，可越后屋的少主人是个"败家子"。父亲去世后，他并不努力做生意，而是每天出

招财猫

招财猫能给人带来福气和财气，据说，招财猫举起左爪，能带来福运，招财猫举起右爪，能带来财运。所以，很多店铺都会供奉一对招财猫，分别举着左爪和右爪，意味着福财兼至。

去赌钱，在家时就和他的小白猫“小玉”玩耍。

家里的仆人十分着急，长此下去，越后屋有再多的积蓄也会被他败光。少主人却不以为意，照样赌钱、玩猫，逍遥快活。终于有一天，他将所有的钱都花光了，仆人都没钱买米做饭了。越后屋少主却并不着急。他抱起小玉，笑嘻嘻地对猫儿说：“我养了你这么多年，现在到你报恩的时候了，去为我找些金币回来吧。”看到这个不靠谱的少主人，仆人连连摇头。猫儿小玉听了，默默离开，直到第二天早上才回家，嘴里衔着一枚闪闪发光的金币。

仆人觉得十分离奇，少主人却很惊喜，他夸奖了小玉，拿着金币就跑出门去。天黑了，他回来时两手空空——那钱已经输光了。

少主人再次对小玉说：“请再给我找回点金币吧，我这次要拿它来做生意，重振家业。”小白猫一声不吭，转身出了门。第二天早上，小玉又衔回了一枚金币。少主人没有发现小玉变小了很多，整个猫变得没精打采。他骗了小猫又跑去赌场，结果又输光了。

他失魂落魄地回到家，发现小玉懒怏怏地卧在榻上，似乎生病了，看到少主人回来，它只是抬了抬眼皮，没有像平时那样每天跑到门口去迎接他。少主人这才着急起来，拿来水和食物喂给小玉，又轻柔地抚摸它。小玉的精神变好了些，少主人又央求它去弄些金币回来，并且发誓这次再也不去赌博了。

小玉强撑着站起来，摇摇晃晃走出门。少主人非常好奇，想知道小玉到底从哪里弄到了这些金币。他跟着小玉到了山中的一处寺庙。只见小玉在神明面前举起了爪子，向神明祈求：“神明大人啊，请拿走我的爪子，拿走我的骨血，拿走我的皮毛，赐给我一些金币吧。”

少主人听到这话，终于明白小玉的金币是牺牲自己换来的。他难过地抱起越来越弱小的小玉，让它别再祈求了。小玉无力地看了他一眼，继续祈求。

“神明大人啊，请拿走我的爪子，拿走我的骨血，拿走我的皮毛，赐给我一些金币吧。”说完这话，小玉忽然消失了，少主人抱在怀里的只剩下三枚金币。

少主人后悔不已，失声痛哭。从这天起，他开始努力工作赚钱，不再赌博。他将白猫小玉的塑像供奉在店中，日日激励自己，要振兴家业，不再让小玉失望。

四、天狗

在日本有很多关于天狗的故事。身披蓑衣，手执团扇，能飞翔的天狗，有着神秘的力量，在日本的众妖怪中，也处于尊崇的地位，是一种半妖半神的存在。在《百物语》的故事里，就有凡人化为天狗的传说。

信州松本藩有一个武士名叫萱野五郎。这个人能文能武，也很有修养。他是当地的弓箭队队长，每月俸禄有二百石。一年正月里的一天，他让他的仆人茂助准备了六尺的大饭桶和十张新席子，还让女仆买了三袋糯米，要他们后天中午做糯米红豆饭。仆人都觉得很离奇，却不敢多问，只是猜测主人大概要招待特殊的客人。

两天后，仆人在里屋铺了十张席子，在六尺宽的大桶里盛满了糯米红豆饭。一切准备就绪，萱野五郎在傍晚时分沐浴更衣，让所有家人退下，不要来打扰他，他自己独自在里屋等待着什么。家人都觉得他很奇怪，但见他举止如常，更没有拿刀，也就随他去了。到了半夜，里屋似乎来了很多客人，有三四十人，十分嘈杂，也听不清说什么。天亮以后，家人们打开里屋的纸门，却发现空无一人，大木桶中也空空如也，一粒米未剩。家人四处去寻找萱野五郎，却无影无踪，音信全无。

到了第二年的正月，在当初夜宴宾客的里屋地面上平白出现了一封信。信是萱野五郎的笔迹，上面写着："我修炼于爱宕山，现改名为穴户西森，勿念。"家人收到此信后从此没有收到过他的消息。萱野五郎的儿子叫兵太夫，这件事发生在他的幼年，他只记着父亲所改的名字是西森，却不知道是哪两个字。红豆糯米饭是专门用来供奉天狗的，而父亲所去的爱宕山正是天狗所居之地，因此，父亲大概是化作了天狗，在山中修行。

传说天狗的扇子可以将鼻子变大变小。曾经有一个以乞讨为生的老人，一天，用讨来的钱买了一个有很大漏眼的笊篱。他在一棵大树下休息的时候，将笊篱罩在自己的头上，然后对树梢说："树上的天狗啊，你即使躲藏起来我也能看见你。我盖在脸上的是名为'千里眼'的法器，使用它，我甚至可以看到天国。"

这棵树的树梢上正好蹲着一只天狗，他相信了老爷爷的话，将自己的宝贝扇子拿出来与老爷爷交换“千里眼”。老爷爷得了天狗的宝扇，到了城里，用这扇子帮助那些鼻子塌下去的人。只要轻轻扇一扇，那些人的鼻子就变得挺拔而高耸，靠着这项绝技，他赚了很多钱。然而有一天，老爷爷在休息的时候，不经意地扇起了宝扇，他的鼻子变得很长，人也被自己的鼻子顶起来，飞到高处。鼻子撑不住老爷爷身体的重量，忽然断了，老爷爷便落下来摔死了。

关于天狗的蓑衣也有一个有趣的故事。据说曾经有一个赌棍利用赌术骗取了天狗的蓑衣。这蓑衣能够隐身，这个赌棍就穿着蓑衣，偷偷跑去酒店大吃二喝。不过，这蓑衣破破烂烂的，赌棍的家人认为非常晦气，就将蓑衣给烧了。赌棍很懊恼，他将蓑衣灰涂抹全身，又跑去偷吃。结果喝酒的时候，嘴上的灰被酒冲掉了，人们就看到一张悬空的嘴。在桌边吃吃喝喝，这才发现了赌棍的存在，于是一起上去将偷吃的赌棍暴打了一顿。

天狗在日本是以妖怪形象出现的，不过，由于是受到人们信仰的神明，也有善良正义的一面。在日本民间戏剧《天狗的愤怒》中，有一个恶棍横行乡里，让百姓无法安心过日子，被天狗盯上了。在某一年的正月初一，恶棍看到树上有只不知名的长尾巴鸟，就想捉去吃肉，便朝那鸟儿打了几枪。鸟儿被击中，落在地上，忽然变成了天狗。天狗抓住了恶棍，用柴火点燃了他的衣服，烧得恶棍惨叫连连。闻声赶来的村民看到了被烧得体无完肤的恶棍，都觉得十分解气。恶棍告诉大家，这是天狗对他的惩罚，在忏悔之后就咽了气。人们为了感谢正义的天狗神，对它供奉膜拜。

在日本传统戏剧《摘掉了瘤子的老爷爷》中，天狗变得更加亲民，还能为人治病消灾：有两个长了瘤子的老爷爷，碰巧都在一个神社里留宿，这个神社里住着一只天狗。天狗喜好热闹，晚间出来时，看到两个老爷爷，就让老爷爷为他跳舞。其中一个老爷爷十分勇敢，他欢乐地载歌载舞，让天狗十分开心。另一个老爷爷担忧自己的瘤子会在跳舞的时候受伤，又惧怕天狗，无论如何都无法跳起舞来。最后，天狗将跳舞老爷爷的瘤子摘掉，而那个懦弱的老爷爷又长了一个瘤子。

天狗这种妖怪，纯粹是由人们想象出来的，日本的天狗，有传说是土生土长的妖神，也有的说是从中国流传过去的。在《山海经》中，天狗是像狐狸一样的动物，“其状如狸而白首，其音榴榴可御凶”。在中国的民间传说里有两种天狗，一种是二郎神的哮天犬，这狗因为归属天族而得道，有着识别妖物的慧眼，并能够参与二郎神降妖除魔的战斗。另一种是食日天狗，古时候人们对日食、月食并不了解，认为是不祥之兆，食时的太阳确实像被狗咬了一口，于是人们就想象是有天狗在吃太阳。

天狗是山妖，无论在中国还是日本都不是善类。苏轼有诗云：“西北望，射天狼。”所谓的天狼，就是天狗星，是彗星与流星，从古代天象学的角度看，它意味着战争。在日本，天狗的出现也是乱世将至的表现，最著名的就是由崇德天皇所变化的大天狗，怀着对世间的仇恨与诅咒，携带着灾难与战争的种子。

中国的盂兰盆节自飞鸟时代传入日本，在日本十分受欢迎，并且演绎出了和前文所讲不同的“目连救母”的故事。

目连是个向佛之人，他的母亲却并不仁慈，极其喜欢作恶。为了讽刺佛家，她杀了狗做成狗肉馒头，伪装成素馒头到寺庙里去布施。目连劝说过母亲，但因为他是孝子无法阻止，只能偷偷跑到寺庙里去报信。住持并没有拒绝目连的母亲，而是让众僧人在袖子里藏着素馒头，接受布施的时候，把狗肉馒头藏在袖子里，吃素馒头。目连的母亲并不知晓，她看到僧人们毫无顾忌地吃馒头，便指责他们吃荤违反戒律。僧人们将袖子里的狗肉馒头取出，都埋在寺庙的院中。

天帝知道此事后非常愤怒，将目连的母亲打入地狱。目连虽然知道母亲做得不对，但孝心使他无法不管母亲。他日夜修炼，成为地藏菩萨，到地狱中打开鬼门，结果他的母亲和一众恶鬼都逃了出来。目连的母亲化作天狗，去找天帝算账。她到了天上，就将太阳、月亮吃了，使天地一片黑暗。目连知道自己闯了祸，受天帝所托，去阻止母亲……

日本的天狗与宗教有着难分难舍的联系。日本有一类佛教信徒，为了体验生活，散发粗服在山间行走，通过苦行来修炼自身。这种极端的修行者被人们称作“山伏”。“山伏”们不修边幅，常常将路过山林的普通人吓一跳。传说山伏死后无法飞升，但因为修行的缘故，也无法落入其他苦道，只能沦入六道轮回

天 狗

天狗通常是潜伏在深山里的，它们有着人类的身形，红脸膛，高鼻子，背后生着双翼，手中拿着团扇，能够翱翔于天宇，又神通广大，具有神力和超能力，能手撕活人，非常恐怖。它们在深林中逡巡，遇到迷路之人，就会拐走，尤其喜欢小孩子，因此，被拐走的人或孩子，通常称为“神隐”，因此，天狗在后世又与很多山神的信仰重叠。

之外的天狗道。著名的大天狗崇德天皇，就因为临死时披头散发，又笃信佛教，而落入天狗道成了诸天狗的统帅。

日本的天狗也被认为与源初的神祇有点关系。在《古事记》中，天孙降临时，接引神猿田彦命出场，他相貌古怪，脸色红红的，因为接引天孙的功劳，被封为道祖神，因为与天狗形象的相似，所以也有人认为猿田彦命就是天狗。

室町幕府时代，天狗的形象终于开始稳定，集历朝历代各种天狗特色于一身。那时的天狗身材高大，红脸高鼻，背生双翼，手拿团扇，身着修士服，腰佩武士刀（或钢杵），足登高木屐。现今位于日本京都市左京区鞍马本町鞍马寺中所供奉的天狗神就是日本大天狗在这一时期的经典形象。

五、玉藻前与稻荷神

凡君王失道之时，女人免不了背黑锅。乱世之时，必须有各种各样的狐狸精出现在君王身边，她们美貌、灵慧，有着各种神秘的力量，能让君王为之倾倒，能让朝纲为之混乱，能让天下为之倾覆，在中国有妹喜、褒姒、苏妲已，在日本有玉藻前。

秦汉前，中国的狐狸精是善类，被视为祥瑞，如大禹治水时辅助他的涂山氏女娇，到了汉代就变成了淫兽。唐代，狐狸精更加成为“不正经”的代名词。日本深受唐文化影响，日本的九尾狐妖玉藻前，便成了日本三大反派妖神之一。

九尾狐玉藻前的身世颇为复杂。在印度的早期神话中，玉藻前是一只男狐。这只玉面金毛九尾狐，诞生于公元前 6 世纪的孔雀王朝[①]时期。耆那的佛陀筏驮摩那死后，留下三颗佛祖舍利。这舍利蕴含极大的佛法之力，得之能安天下，能死而复生，能成神佛。九尾狐想得到佛祖舍利，扮作美貌少女进入王宫，成为宾头沙罗王的宠妃华阳天。然而，还没等九尾狐得手，聪慧的王子阿育王就识破了她的身份，将九尾狐赶出了王宫。

在中国同样有一只魅惑了君王、引起天下大乱的狐狸精，就是《封神演义》

---

① 孔雀王朝：孔雀王朝（约公元前 324 年—公元前 188 年）是古印度摩揭陀国著名的奴隶制王朝。

中的九尾狐妲己，她奉女娲之命，去加速商朝灭亡。最终妲己被武王诛杀，真身九尾狐没能被封神，藏匿起来。

到了唐代，吉备真备返回日本，携带了一枚佛祖舍利，九尾狐藏在吉备真备的船中到了日本，为了得到佛祖舍利，她潜入日本皇宫。传说，这一次她假借一个下层武士女儿藻女的身份进入宫廷。她美丽聪慧，深得鸟羽天皇宠爱，被赐名为玉藻前，其原型就是日本历史上著名的妖妃藤原得子，她迷惑君王，使君王身患重病，让天下大乱。

宫廷阴阳师安倍泰亲暗中占卜，发现这位君王宠妃的前身竟然是来自中国的金毛玉面九尾狐。九尾狐被识破，逃窜到了那须野，纠集了很多地狐小妖，盘踞地方，为害百姓。那须野的领主须藤贞信将此事上报朝廷，鸟羽上皇派出讨伐大军，上总介广常与三浦介义明两位将军在军师安倍太明的帮助下，带着士兵和阴阳师、法师组成的八万大军到了那须野，与九尾狐展开了大战。

玉藻前此时已经具有强大的妖神之力，她主动出击，运用九条尾巴的神力，派遣手下妖狐，大败士兵与阴阳师混杂的官军。

三浦介与上总介发现九尾狐可以翱翔在天上进行攻击，并且攻击十分迅速。两位将军研究战术后，动用了骑射兵，以打击玉藻前。

被击败的玉藻前使用幻化之术，变成领主须藤贞信母亲的样子，进入须藤贞信的梦乡，求其在作战中放过她。贞信识破了玉藻前的诡计，反而加大打击力度，使用了鉴真大师从大唐引进的投石机和巨型弩机，终于杀死了神通广大的九尾狐。

安倍泰亲将九尾狐的尸身封印起来，其尸骨化成了杀生石。杀生石有剧毒，其周边草木不生，走兽鸟雀触及必死。到了室町时代，玄翁和尚将杀生石打破，碎片崩飞，散落到日本各地。时至今日，日本民间依旧有传言，狐妖玉藻前不甘失败，依旧在寻找机会准备复仇。

关于玉藻前另有一个传说：在鸟羽天皇时期，一个官员的女儿名叫杏子，年轻美貌，被父母献给了天皇，赐名玉藻前。玉藻前受到皇帝的宠爱，但她担心自己容颜衰老会失宠，便千方百计寻找驻颜之术。她听说山中庙宇中供奉的狐仙

玉藻前

九尾狐妖化作的美貌女子，法力强大，具有极高的魅惑力，能够让君王为她们颠倒魂迷，从而搅乱朝纲，引发天下大乱。

有独特的不老法术，便前去拜访。这个狐仙就是玉面金毛九尾狐，她传授玉藻前两个方法，其一是通过修道以求长生不老，但这种办法非常缓慢，玉藻前放弃了，她采用了第二种方法。这种方法十分残忍，需要用年轻未嫁女子的新鲜血液来养颜。玉藻前开始还只是以鲜血擦拭脸部，发现异常有效后她开始使用年轻女子的血来洗澡。可这种办法只能保持容颜三五天，玉藻前开始疯狂地派人四处搜捕年轻女子，偷偷送进宫中取血。那些被取血的女子，皆因失血过多而死。

大量年轻女子失踪引起了朝廷的注意，鸟羽天皇派阴阳师占卜，发现妖气原来在后宫。东窗事发，玉藻前开始逃命，天皇的军队一路追捕。可此时玉藻前已经妖化，变成了一只九尾狐妖。此后就如前面的传说一样，玉藻前被镇压，封印在杀生石中。

九尾狐妖之外，日本还有一种对于狐狸的信仰。在日本的很多神社甚至是路边不起眼的小神龛中，都能看到狐狸石像，这就是著名的稻荷神。这是日本对于狐狸神明最原始的信仰，它无关欲望与野心，展现的是日本人最淳朴的愿望：天下太平，五谷丰登。

稻荷神的传说来自平清盛。据说平清盛就是被一只灵狐救了性命最终才得到天下的，因此他供奉尘狐王菩萨荼吉尼天。传说中的荼吉尼天原本是一只恶狐，以人心为食，后经佛祖点化，成为天部神之一，能够预知他人的生死。后来百姓也跟着供奉狐狸神明，这就是稻荷神。

古代日本以农业立国，稻米具有神圣的地位。因此，作为农业神的稻荷神得到了百姓的普遍尊崇，在日本有四万多座稻荷神社，神社中的狐神围着红衣，叼着稻穗，端正蹲坐。

稻荷神社中不仅供奉有狐神，还有主神宇迦之御魂神，这位神明因为名字的读音与狐狸谐音，故此被称为三狐狸神。传说，狐狸喜欢吃油炸豆腐皮，吃了之后就飘飘欲仙，日本人由此创造出了一种美食，名为稻荷寿司，就是用油豆腐皮裹着各种菜蛋香菇，和着米饭，其形象像极了丰收后的谷仓，不但吃起来美味，而且热量较高，营养丰富，搭配健康，非常适合进行体力劳作的人食用。日本人用这种方式，让稻荷神进一步融入了生活中。

第十章

百鬼夜行（上）

一、付丧神：成精的锅碗瓢盆

日本人认为，鬼是神的分支，因此，人死后会变鬼，动物死后会变妖，锅碗瓢盆死后会变成付丧神。日本有八百万神，高天原地方再大，能住得下的神明数不过千八百个，剩下的神明基本都在地上。

地上神明的来源，有人、鬼、妖精三种，其中妖精最多。妖精中最多的并不是松梅竹菊、飞禽走兽，而是多得数不清的老旧器物，它们被用了很多年，已经失去了功能性，就要被扫地出门。然而，即使对这些“零落成泥碾作尘”的弃物，古代日本的老人们也十分珍惜，认为器物用久了，沾了人的灵气就会成精，于是就有了付丧神。

付丧神在日本又称九十九神，日本作家三岛由纪夫曾经记述了一个关于付丧神的故事，这是平安时代《伊势物语》中的传说，也是一个看起来有趣，细思却极恐怖的故事。

平安时期的日本有个风俗，每年立春之前都要进行大扫除，除旧迎新，扫除秽气。那些破损的锅碗瓢盆，失去了功能性，会被扫地出门。因为这些器物用了一百年，就会变成妖怪，所以要在九十九年之前，将它们丢出门外，以绝后患。

当时的器物都是手工制造的，很多东西都服役了相当多的年头，沾了俗世之气，有了灵性，便有了想法。这些被丢弃在路旁的破桌子烂扫帚，断了嘴的茶壶，没了脚的香炉，聚在一起嘀嘀咕咕，哭哭啼啼，为自己的苦命怨声载道。它们为人们辛勤地工作了一生，最终却被抛弃，来日将成为满地碎片，没人再记得它们，所有人都将它们当成垃圾，这心情真是极度绝望。

其间有一个念珠精灵名为一连入道，他平日里听了很多佛法，心性平和沉稳，看到这些妖怪怨念滔天，将生祸端，就劝慰他们，平日尽心工作，那是本分，如今失去了栖身之所，也是宿命如此，不要抱怨。

有一个器物名为荒太郎，是一根粗壮的大棒，他原本就暴躁性急，十分不忿一连入道的软弱，怒气上涌，将一连入道一顿胖揍。一连入道见他们不可理喻，知道多说无益，便默默离开去山中修道了。

旧器物们向造物大神哭诉，如此兢兢业业地工作，却被恩将仇报，无情抛弃，该何去何从？这时有一位非常博学的古文先生出了一个主意得到了众旧物的认可：它们在春分时节一同向造物大神膜拜祈祷，要求成妖成怪报复社会。

于是春分这天，所有器物都聚集在一个清净之所自我了断。它们的魂灵终于变成了精怪，也就是付丧神。

付丧神们解放了，黑夜成了它们的天下。它们走上京都的街头，利用妖精的各种能力打家劫舍，调皮捣蛋，上蹿下跳，一时间京城被闹得乌烟瘴气，付丧神们却自由自在，逍遥快乐。他们变成妖精，有了神通，即使士兵也拿他们毫无办法。

他们感谢造化大神的再造之恩，建神坛塑金身，抬着一个大轿子，让造化之神的塑像坐在里面，然后簇拥着，在京都夜晚的一条大路上游行，招摇过市，吹拉弹唱，热闹非凡。

正在此时，迎面遇到了关白的车队。关白相当于中国的宰相或摄政王，虽然夜间出行，排场没有太大，却也带着一些随从。然而在付丧神的大游行面前，关白车队却被撞得七零八落，人仰马翻。关白非常有定力，他虽然觉得十分诡异，却冷静地坐在轿辇中掀开帘子观察，看到飞沙走石妖魔乱舞，而有几个妖怪正要接近他的轿子，他连忙拿起随身携带的护身符。几个付丧神刚一触及轿子，一团奇异的火光从轿内喷出，付丧神们有很多是木制品，没来得及逃的就被火烧到，惨叫连连。见到妖怪们暂时退却，关白连忙让车夫掉转车头，带着随从们原路返回。

就这样，关白侥幸逃脱了付丧神的攻击。他原本是去觐见天皇商谈政务的，却没见成。天皇虽然早听说有这么一伙妖怪在夜间飞扬跋扈，但一直没太重视，而今才意识到严重性，这妖怪已经闹到自己家门口了。天皇请来了京都的高僧，在清凉殿作法，高僧派法师去围剿付丧神的大本营，将这些锅碗瓢盆们打得落花流水，连连求饶，再也不敢骚扰京城。

这些付丧神们不敢再进京城，也不敢待在郊外，无家可归，此时才想到当初一连入道的劝告，听说他如今已在山中修炼成佛，颇有成就，于是便集体去投奔这位当初被他们打跑的贤者。一连入道不计前嫌收留了他们，还向他们传授佛法。付丧神们拜一连入道为师，一心修炼，不再惹事，终于也都成佛，完成了从弃物到妖，再到神佛的进化过程。

这些盆盆罐罐、旧窗帘破雨伞的付丧神传说，原本只是街头巷尾的故事，也有一些是“惜物”的老人家为了教育后代勤俭节约而杜撰的小品，但是因为有趣而流传甚广。当然，付丧神也体现了日本人的“物哀”之情，生命须臾，岁月无常，即使是能够用到九十九岁的器物，也终将被抛弃。物犹如此，人何以堪?人生不满百，常怀千岁忧，这也是很多人所担心的事，自己有朝一日失去了被利用的价值，也就失去了存在的意义啊。

所以，付丧神将悲剧演化成一出滑稽戏，也是日本人惯有的自嘲风格。江户时代，著名画师鸟山石燕专门为这些草根阶层的妖怪画了《百器徒然袋》等作品，使得这些器物妖怪栩栩如生，成为让人既恐惧又好奇的存在。

二、逢魔时分青行灯

下午 5 点到 7 点和黎明 3 点到 5 点，在日本的阴阳道中被称作逢魔时，这两个时刻是阴阳的临界点，也是鬼神可以和人类同时出现的时刻，当然也是鬼门大开，百鬼们准备欢快出行的时刻。

江户时代，日本流行一种恐怖的降灵游戏，就选在昼与夜交替的逢魔时开始，名为“百鬼灯”。这游戏要求一群人围坐在一起，讲 99 个故事，吹灭 99 盏灯，如果讲了 100 个故事，第 100 盏灯灭了，所有讲故事的人就会被鬼带到地狱，或不可知的恐怖地方。

百鬼灯是一个阴谋，它是百鬼中最狡猾的鬼神“青行灯”的鬼蜮伎俩。青行灯是百鬼中比较稀少的种类，它原本不属于人类社会，非人非物，是来自黄泉地狱的小鬼。青行灯飘忽在地狱门前，时刻准备将人拖入地狱。在逢魔时这样一个妖怪大行其道的时刻，青行灯更是主动出击，它有强大的变化能力，可以变成人们的朋友、亲人、邻居，总之他想方设法取得人们的信任，然后诱使人们去玩名为“百鬼灯”的恐怖游戏。

百鬼灯的玩法有点复杂，时间要选在新月之夜，这时月光黯淡，世界黑黝黝一片，气氛更浓，地点倒是随意，可以是自己家中，也可以是其他比较宁静的所在，不过，需要三间连在一起的房间，其中一间放上灯与镜子，中间一间空着，不能点灯，另外就是讲故事的人所在的房间。聚集七八个亲友，穿着青衣，围坐一起，身上和房间里都不能有刀或剪子等尖锐器物。在放灯的房间里，点燃一百盏油灯，油灯外罩上青色的纸，桌子上放小镜子，将三个房间的所有门窗关死。一切准备就绪，就可以开始游戏了。

黄昏的逢魔时刻，人们在漆黑的房间里开始讲鬼怪故事，每讲完一个故事，讲故事的人就要离开这个房间，摸索着，穿越中间没有人的漆黑房间，来到点着青灯的房间，吹灭一盏灯，然后用镜子照照自己的脸，再起身穿越中间的房间，回到讲故事者的房间中。这期间，其他人不会因有人离开就停止讲故事。大约每人讲十来个故事，循环往复，讲到 99 个故事就停下来，留下第 100 盏灯，以求平安。然后，所有人聚集在讲故事的房间，一直等到天明日出。

传说，讲故事的时候附近的鬼怪也在听着，会不自觉地聚拢过来，但因为忌惮灯光，不敢害人，如果吹灭了所有的灯，名为“青行灯”的鬼神和其他一些潜藏的妖怪就会进入房间，将人们拖入黄泉地狱。

江户时代流传着关于青行灯的很多传说，据说，青行灯是百鬼夜行的首领滑瓢在夜行之时手提的灯笼。它原本只是灯笼铺中的小灯笼。一个在灯笼铺屋檐下避雨的货郎为了答谢灯笼铺老板，送给老板一些美味的甜品糕点，灯笼铺老板将这个燃着青色火焰的小灯笼送给货郎作为回礼。

青色小灯笼此后一直伴随着货郎，每天清晨和黄昏时分街走巷卖甜品。货郎勤劳、专心，终于靠手艺开了自己的甜品店。他将小灯笼挂在店头，从此生意兴隆，后来成家立业，子孙满堂。货郎去世后，这盏小灯笼一直挂在店头。直到有一天，小灯笼用到了 99 年，按照日本的习俗，它被送到佛寺，准备祭奠销毁。

为人工作了那么多年，却落得这样的下场，怨念使小灯笼疯狂，它冲破结界，到了夜间的大路上，正好遇到滑瓢的百鬼夜行。从此，它成了为百鬼夜行照亮夜路的青行灯。

很多话在特定场合是禁忌，百鬼灯是犯忌讳的游戏，在晚上谈论鬼神本身就是禁忌，还要煞有介事地吹灯照镜子，摸黑讲故事。

但是，很多鬼怪原本就是盘踞人心中的“魅影”，漫漫长夜无心睡眠，讲出来大家一起发抖，尤其是在盛夏，可以达到清凉解暑的功效。日本人对于百鬼是敬畏的，但这种从小就积累起来的想象力，是根深蒂固的心结，缘于他们骨子里对这种神怪之事的喜爱，哪怕触犯禁忌，被拉入鬼门！世界各国的恐怖片中，日本恐怖片出类拔萃，大概也源于他们成百上千年积攒的这种诡异爱好吧。

从古至今的“百鬼灯”故事，被有心人记录下来，积攒到今天，日本已经有了 600 多种鬼怪，成就了“百鬼夜行”。

百鬼夜行并不是日本首创，印度有百鬼，中国也有百鬼。但日本的百鬼更加复杂与奇异，有来自佛教、道教、神道教、阴阳道的各种鬼怪，也有付丧神，还有很多民间传说中无厘头的精灵。各种各样的鬼怪汇聚在一起，形成了庞大的百鬼夜行大军，天上地下，无所不包。

由百鬼夜行也生出很多应景的习俗，比如在节分进行撒豆驱鬼，一群人欢乐地捡豆子，没来由地相信，吃了和自己年龄一样多的豆子，就能够让自己在这

青行灯

青行灯会变成熟人的模样，引诱人们玩惊险刺激的“百鬼灯”游戏，如果讲了100个故事，吹灭了100盏灯，玩游戏的人就会被青行灯带走，拖入诡异的妖鬼世界。

百鬼夜行

在新月之夜，百鬼纠集大队人马，浩浩荡荡地走在平安时代的朱雀大道上，各种各样的妖鬼，群魔乱舞，将夜晚变成他们的鬼魅世界。

一年中诸事顺利，祛病消灾。更好玩的是，家中还要有人戴上鬼面具扮鬼，其他人向这个“鬼”撒豆驱邪，场面十分热闹，将原本带点恐怖色彩的仪式变得欢声笑语，这也是这个崇拜鬼神的国度所特有的仪式。

百鬼夜行中的鬼神，有善有恶，有的背景强大，有的出身草根，在传说里，一把火，一摊水，一种声音，一阵香气，均可成妖，可谓大千世界，万物有灵。

三、河童

日本传说中的河童是种水生物，爱洁净是其天性，其脑袋上有毛，手脚上有蹼，蹼上有尖爪，身高一米左右，体重三五十斤，头顶有椭圆形凹陷。河童大部分时间是绿色的，但皮肤可随着环境变成灰色或红色，有厚厚的皮下脂肪，还长着像袋鼠一样的腹袋，能装杂七杂八的东西。

也有一说，河童是日本进口的妖怪，原产地中国，又称“水虎”“河伯”，是传说中连牛都能拖到水里的生物，力气极大。

河童喜欢和小孩子玩，比起百鬼夜行中的其他妖怪，河童更接近人的形象。在日本神话传说中，河童是水神的使者，与战国名将加藤清正还有一段孽缘。加藤清正作为日本历史上著名的骁勇善战的武将，曾经跟随过丰臣秀吉、德川家康，是战功赫赫的“贱岳七本枪”之一。据说，加藤清正当时是熊本城的城主，在其治下的球磨川，出了一个名为“九千坊”的河童，率领河童一族横行乡里。当地百姓苦不堪言，只好向熊本城主求助。城主加藤清正摸清了河童的弱点，率兵将九千坊引到了地狱谷。

地狱谷能够喷出硫黄，加藤清正将烧烫了的石头丢入地狱谷的水池中，并且在河川里放毒，聚集山猿，围攻九千坊率领的河童。

在硫黄热气的熏蒸之下，九千坊头上碟子中的水蒸发了，他的法力消失，只能坐以待毙，最终被加藤清正捉获。九千坊哀求加藤清正饶恕他和他的族人，保证从此改邪归正，回归水中，再不上岸为害百姓。获释后，河童一族老老实实地住在熊本的筑后川里，与人类互不侵犯。

在加藤清正的故事里，河童更像是一伙山贼水寇。但在更古老的日本传说中，河童原本是水神，只是因为失去民众的信仰，最终堕落成妖。日本人对于河童的善恶也有两种看法，一种认为河童虽然喜欢愚弄人类，却也常常帮助人，做些好事，是善良的精灵；也有人认为河童力大无穷，会拖牲畜和小孩下水，吃光内脏，是非常凶残的妖怪。因此，河童成了一种善恶难辨的生物，它的出现也有诸多说法：有说它是平安时代阴阳师安倍晴明的式神，被封印在桥下河边，安倍晴明去世后，式神的子孙变化为河童一族。也有说它来自于日本战国时代前后传教士的形象，一是因为传教士是从海上来的，为海客，走水路；二是因为，传教士头上戴的小圆帽像扣着的盘子，与河童是同款。

日本人想象力极其丰富，其相似物联想的能力是世界一流的，比如黄瓜，因其表皮是绿色，光溜溜，水汪汪，并且头是圆的，因此被称为“kappa”，也即河童。很难想象日本人大嚼黄瓜的时候，是否会不时联想到那个头上顶着个盘子、滑头滑脑的妖怪。当然，黄瓜和河童的相似，更会让人理解为河童爱吃黄瓜。

在日本还流传着关于河童的凄美爱情故事。

传说在关西富山县，一条河中住着一个小河童，名叫九郎，他每天从河中看向人类世界，觉得新奇又有趣。小河附近住着一户贫困人家，家中有一个小女孩名叫良子，体弱多病，别的小孩不愿与她玩，良子就常来河边玩，遇到了小河童九郎，从此以后，两个孩子成了好朋友。

良子一天天长大，长成了美丽的少女，但依旧体弱多病。忽然有一天，良子不再来河边找九郎，九郎很担心，听人们说良子生了重病，而且是不治之症。九郎焦急万分，他知道，在附近的深潭中住着一条龙，它的龙珠能够治愈百病。九郎想带良子去找龙借龙珠，给良子治病，于是深夜里摸到良子家中。

正当九郎想带良子离开时，村民们却带着武器将他围住。他们不顾良子的哭喊阻止，向九郎泼火油，烧死了九郎，人们认为良子被河童的妖法迷惑，想去请高僧为良子驱邪。但村里的一位老婆婆却阻止了他们，道出了真相，原来她一直在观察这对朋友，知道九郎并不是害人的妖怪。村里人非常后悔，也只能将九郎厚葬在河中。良子悲痛过度，没几天就去世了，村民们依照良子生前的请求，也将她葬在河中，与九郎相聚。

在日本的很多影视动漫作品中，河童都是正面形象。《河童之夏》中的河童酷像一个小男孩，与人类成为朋友，信任并爱护人类。这是一个非常重感情，同时又善解人意的河童，不仅形象可爱还很乐观，是童话般的精灵，与河童在日本神话传说中的妖怪形象大相径庭。

《荒川爆笑团》中的河童则是荒川河床的村长，虽然是人类，却始终以河童自居，不仅打扮如同河童，连行为举止、生活习惯也与河童一模一样，他是河床原住民，守护着荒川与此处的居民，虽然平日滑稽可笑，却在为自己所守护的人们默默地解决着各种烦恼和问题，受到人们的喜爱。

在《滑头鬼之孙》中，河童是追随着妖怪总大将奴良家的护卫，虽然脚上也有蹼，头上的盘子却变成了蛋壳，当然还保留着吃黄瓜的喜好，有点内向，却十分忠诚，常年蹲在水池里吐泡泡，遇到紧急情况却能十分镇定地辅助战斗，是河童形象中非常近似人类的一个角色。

有赖于这些文艺作品的传播，在今日之日本，河童这个日本人最熟悉的妖怪也渐渐变得亲切起来。

四、百鬼夜行之“火”

火是世界上所有民族的原始信仰之一，印度有火神阿耆尼，中国也有火神祝融，日本的火神是迦具土命——就是那位烧伤母神伊邪那美，被父神伊邪纳岐砍死的倒霉神。火神一出生就死于十拳剑下，故此，日本后来的火神是产火灵神，其职能相当于中国的灶王爷。当然，各个地区和小部落也有不同类型的火神，有从河里出来的，也有从海里出来的。所有的火神都是荒神，是福祸相倚的神明。而在日本民间，则有很多与“火”有关的神鬼妖魔。

百鬼夜行中有很多“火”。这些妖怪，有些是从火中生出来的，有些能产生火，有些是仅仅名字中有火，有些是行动中带火，不一而足，而这些与火沾染上关系的妖怪，有良善可爱的，也有凶恶讨嫌的，有滑稽有趣的，也有莫名其妙的。

1. 各地之火

夜间总会出现各种各样奇异的火光，或在海面，或在深山，或在荒原，或在田间，这些跳动的“鬼火”原本是自然界的奇异现象，或为磷火，或为灯光，但落在蒙昧时代的先民眼中，便成为各种鬼神之火。

“不知火”产生于海边，是九州地区的一种妖怪，有点像中国的海市蜃楼。不知火出现的时候，海面上会火光冲天。水火本不相容，人们不知道为什么大海会着火，就想象这是海上神明的怒火，也有人认为这是海中龙神的灯火。更神奇的是，没有人能够接近不知火，船走近它，它就会去到更远的地方，如同躲避着人的妖怪。日本海边大多是靠海吃饭的渔民，海上风云莫测，不知火像是神明的警告，不祥的征兆，因此，它出现的时候，渔村的人都会奔走相告，不再出海捕鱼，以回避风险。《日本书纪》记载了景行天皇讨伐熊袭之时，八代海出现过不知火，便将此地命名为火国。其实，不知火仅仅是一种天气现象，是在特殊的气候的地理条件之下，大气折射出附近渔船的灯火。

“古战场火”会出现在曾经的古战场，日本人对战死者有着独特的崇拜。在大战结束后，胜负双方都会在战场燃烧磷火，祭奠战役中死去的将士，这些将士的怨灵尚未走远，便凭依在火焰上，在自己浴血奋战的古战场遗迹上徘徊游荡千百年。最著名的古战场火是川中岛之战的幽魂，这场战争极其惨烈，五次川中岛合战，让成千上万的人战死，此处也变成了著名的亡魂之地。亡魂化作妖怪，遗留在此，逡巡于此世，无法成佛。古战场火的形象，通常是一个头戴兜的骷髅，头上升腾着火焰。

“墓之火”与中国所谓的鬼火相似，在日本，墓地都是家族中的专人打理的，只不过经过战火、瘟疫等灾祸，有些家族迁徙或后继无人，墓地便成了荒坟，沧海桑田之后，原本的墓地变成了田地，墓中的灵魂无处归依，便在田中捣乱，烧毁庄稼。

“钓瓶火”出现在山林间安静的夜晚，树梢上忽然出现火光，围绕着树忽上忽下，跳到行人的面前，在这火光中，还若隐若现地出现人脸或兽面。人们传

钓瓶火

凤凰火

说这是钓瓶之妖，它会从树上放下钓瓶，将夜晚在山间行走的人套住，拉到树上吃掉。这种妖怪其实也是自然现象，是山中的腐殖土和菌类在一定的气候地理条件下产生的萤火现象。在山中行走的人原本就万分紧张，看到这种诡异的现象，便会认为是山中妖精试图谋害路人。

“姥姥火”是一种伦理妖怪，它有特定显现的地点。平安时代的大阪附近有一座丢婆山，很多上了年纪行动不便的孤寡老妇人家人无力赡养，就会被丢弃在这座山上。姥姥火就是被丢弃的老妇人的怨灵，她们嗤嗤怪笑，惊声尖叫，顶着业火飘忽在夜间。青森森的火焰中，现出老妇人悲戚的面庞，成为一种哀怨诡异的火魔神明。

2. 妖鬼火中生

凤凰涅槃，留下一丛火在人间徘徊，后堕入地狱，即为“凤凰火”。凤凰火分雌雄，能够幻化成人形，邪魅瑰丽，又令人生畏。男凤凰火穿着白衣紫衫，黑发尖耳，留着黑色指甲；女凤凰火穿着黑色的衣服，镶着红色的绲边，身周燃烧着红莲业火。男凤凰火代表死亡，属于冥府；女凤凰火代表凡人，留在人间，因此，人们对于男凤凰火更加畏惧，闻之色变。

“火前坊”是山火中产生的妖，传说在鸟布山，曾经有莫名的大火燃起，大火过后，山上就产生了火前坊。火前坊是一团跳跃的火，在火光中，可以看到一个人的上半身。

“火消婆”是个善良的火妖，她是与不知火对立的。日本古时候基本都是木质结构的房屋，在深山，山林遮天蔽日，绵延不绝，所以，火灾非常可怕，通常一烧一大片，而有时候，杂乱无章的市井中，人迹罕至的山林中， 根本不知火灾因何而起，人们会将这种火灾归咎为“不知火”作祟，这时候，火消婆就会出现，她会帮助人们控制火势，减少生命财产的损失。

3. 携火之妖

“提灯火”又称狐火，自然与狐狸有关。在江户时代的夜间，大道上行走

火消婆

的人们会看到半空中飘着一团火焰，这便是狐火。狐妖有化形之术，可以隐身。他们能够隐藏自己，却无法隐藏体内的妖火，这些火焰或来自狐狸口中，或来自狐尾，仿佛狐狸提着一盏灯笼。

狐狸喜欢在夜间行走，遇到婚丧嫁娶，就会有成群的狐狸隐了身形走在路上，而狐火就会像点点灯火，在路上招摇而过。看到的人必须噤声缄口，视若无睹，不然被狐狸们发现了就会招致麻烦。狐妖是最促狭的妖怪，被他们捉弄可不是闹着玩的，被捉弄得人要么迷失在深山老林，要么被狐狸偷去重要的东西，要么被附身，做出种种乖张行径，让人不寒而栗。

“逆柱”是一种木头妖怪，一般树的生长都是有方向的，而在日本建筑中，将木材根朝上，梢朝下地放置是为了辟邪，这就是逆柱。逆柱由此而有了灵性，如果长期不被理睬，它就会开始胡闹甚至引发火灾。这也是木匠行业中很多工匠要小心应对的一种妖怪。

“青鹭火”是寄身于青鹭身上的一种妖异现象，在一些老到快成精的青鹭身上会围绕着一团蓝色火焰，随着青鹭的行动飘荡，美丽而奇诡。据说这种现象其实是青鹭所捕捉的鱼类带有的磷和一些细菌产生的反应。

“高女”是一种厉鬼，生前长相丑陋，无人问津，终成剩女，心中怨恨不已，最终变成怨鬼，引发火灾。江户时代有一个关于女人纵火的故事，记述在《好色五女人》中：良家女子阿七因为家中失火，寄宿佛寺，爱上了寺庙中的帮工吉三郎，但因为父母反对，二人无法结成良缘。阿七为了见吉三郎一面，在家中放火，触犯法律，被处以火刑，变为高女，悲伤的吉三郎也因阿七的死遁入空门。

“阴摩罗鬼”来自中国。据说在宋代，有一个书生在城外寺庙借宿，忽然见到一个鸟妖在面前扑腾，眼睛像灯泡，大喊大叫。书生被吓个半死，就向寺庙住持讨教。住持告诉他，这是新死之鬼，由于不甘心，怨气变成了阴摩罗鬼。传入日本的阴摩罗鬼是一个老者形象，目光如灯，口中喷火，是死前含怨之人，或者刚刚死去的人，由于和尚偷懒没有好好超度，便出来作怪。所以，阴摩罗鬼的火其实是一种怒火。

五、日和坊与小雨坊

晴天与雨天并没有善恶之分，只有是否适时，久旱逢甘霖的雨天与梅雨季中的晴天都让人欢喜，连续的干旱与洪涝，让人无法忍耐，与之对应的鬼神妖怪，本心并无善恶，顺应人心的便是神明，让人遭殃的便是妖鬼。“日和坊”与“小雨坊”是一对妖怪，它们分别代表着晴和雨，因为出现的时机恰到好处，便受到人们喜爱，进而被信仰。

日本人经常会在屋檐下或阳台上挂一个白色的娃娃，圆圆的头，笑眯眯的模样，让人心情很好。这也是从中国传到日本的习俗，娃娃原名为“扫晴娘”，是祭祀用品，在日本名为“晴天娃娃”，是用方形的手帕包上棉团，在棉团上画一个笑脸，挂起来祈求晴天。它还有一个别名叫“日和坊”。传说日和坊是一种只在晴天出现的妖怪，它原本住在深山里，遇到的人都会交好运，无论出行多远，遇到的都是大晴天。日和坊讨厌雨天，不会在雨天出现，于是，在连续阴雨的日子，人们就会制作晴天娃娃，召唤日和坊，让雨天快快过去，晴天快点到来。

不过，日本人发现，晴天娃娃有时候也很奇怪，民间有句俗语，“越挂晴天娃娃，天越下雨”。日和坊很可爱，但它也属于日本古老的巫术，与风铃一样，来源于离奇而残酷的故事。

晴娘原本是一位活泼可爱的姑娘，家住在京城，有一年，京城下起暴雨，晴娘每日向天祈求，希望大雨能够停歇，晴天早日来到。结果，她听到从天上传来的声音，那声音告诉她，龙王希望她能嫁入龙宫，做龙太子的妻子，如果她拒绝，龙王会发怒，将整个京城淹入海底。

晴娘没想到自己的祈求竟然惹来大祸，为了解救家人和京城的百姓，她决定牺牲自己，嫁入龙宫。最终，狂风袭来，晴娘从此不见了，暴雨也停了下来，天气转晴，京城得以保全。

日本为岛国，人们崇拜海神与龙神，祈求雨停等于向布雨的神明挑衅，因此，要做出牺牲才能达到目的，停雨比祈雨更加艰难。在日本曾经流传着另一个关于祈求雨停的说法。在古代日本，有一年夏天暴雨不断，整个京城都将被淹没。

天皇请来法师祈求老天收了神通。法师祈祷后，雨更大了。天皇大发脾气，将法师斩首示众，把他的头作为祭品，贡献给雨神，雨竟然停了。从此，民间就流传着恐怖歌谣："晴天娃娃，晴天娃娃，希望明天能放晴，如果明天还下雨，就把你的头砍下。"这种寒气森森的童谣，有一种逼迫鬼神的味道。

日和坊不仅能带来晴天，停止连续不断的阴雨，在日本人们也将日和坊当成送子天神进行崇拜，很多家庭会挂上日和坊，以祈求天神降子。

日和坊的形象近似和尚，因为它的原型就是进行祈雨祭祀的僧侣。佛教有替身的说法，于是这小人偶又成为为人消灾除病的替身。日本室町时代著名的一休和尚，幼年时候就被送到寺庙修行，在他出家前母亲送给他一个晴天娃娃，希望能代替他承受所有灾难和病痛，让他平安无事。在一些有病患的家庭也挂上日和坊，让它替病人承受病痛。

"小雨坊"与日和坊正相反，传说日和坊是个女孩，小雨坊是个男孩，他会选择在雨天出现，又叫雨天和尚或雨天娃娃。在日本，也做成圆头的布偶，被悬挂在屋檐，祈求下雨。雨天娃娃和晴天娃娃在外形上一模一样。不过，雨天娃娃是用方形的黑布包裹的棉团，或者也用方形的白布，但嘴巴向下弯，变成哭脸。如果遇到持续干旱的天气，人们会选择悬挂雨天娃娃，请来小雨坊，而如果雨下多了，就会挂起笑脸的晴天娃娃，收起雨天娃娃。

在百鬼夜行中，小雨坊并不是个好相处的妖怪，它经常在下着绵绵小雨的晚上，变成和尚到普通百姓家中去化缘。古代的日本，即使再贫苦的人家都不会拒绝僧人。小雨坊专门找那些灯光明亮的人家敲门求斋饭。人们打开门让他进来躲雨，并供给斋饭，他吃完了，就会要求借宿一晚，通常不会遭到拒绝。但是到了晚上，他会趁着主人睡熟将主人全家杀害。所以在百鬼传说中，小雨坊是带着邪气的恶鬼，更像是俗世间打家劫舍、恩将仇报的冷血盗贼。

除了小雨坊，还有一个管降雨的小妖，名为"降雨小僧"，他是个瘦弱的小男孩，穿着梅花和服，头上顶着很大的破雨伞，浑身湿漉漉的，提着灯笼，经常在雨夜出现。他是雨师的随从，负责协助雨师，将适应时节的雨降在需要灌溉的农田中，帮助农民获得丰收，是一个善良的妖怪。

日和坊

日和坊就是晴天娃娃，用一块手帕包着棉团，扎成娃娃形状，画上笑脸，是召唤晴天的巫术。

晴天娃娃

小雨坊

　　小雨坊是带来雨天的精灵，人们会挂上雨天娃娃，召唤雨水，期盼它能够带来及时雨，促进农业生产和丰收。

同样与雨有关的妖怪还有“雨女”。雨女是一位美丽的女子，在下雨的夜晚，她会撑起一把大伞，邂逅雨中行走的男子，如果对方微笑着向她示意共用雨伞，雨女就会一直跟随他，这名男子将一直生活在潮湿的环境中，最后因湿气纠缠而死。传说雨女本为渔夫的妻子，她在大雨中的海边礁石上等待出海未归的丈夫，被海浪卷入海中淹死，怨念成妖，带着一身湿气，四处寻找夫君，发现与她共用一把伞之人不是丈夫后，就会将对方置于死地。

六、牛鬼

中国有个成语叫“牛鬼蛇神”，指的是社会下九流中的闲杂人等，带着贬义，也有人认为，牛鬼蛇神并非两种妖怪，而是一种组合妖，长着牛头蛇身，所以是“牛鬼蛇”神。日本宇和岛祭祀的牛鬼，就是牛首蛇躯的造型，像没有腿的龙。牛鬼对于宇和岛的人来说，是个吉祥物，它会进入每家每户，带走晦气，然后到海边洗澡净身，洗去污秽与邪气。

日本各个地区的牛鬼长相各异，香川县根香寺的牛鬼，头上长着牛角，身形如飞鼠，鹰爪牛蹄，牙尖嘴利，还会飞。此地的牛鬼曾经在天正年间为害村民，乡人请来了神箭手山田藏人高清，要他为民除害。高清在村里山中逛了好多天，却没看到牛鬼。通常村里人看到牛鬼就去找他，可他一到牛鬼就不见了。高清空有一身本领，却拿牛鬼无可奈何。于是，他跑到根香寺求助观音菩萨，苦心修行七天，终于看到了牛鬼，最终射穿了牛鬼的喉咙。牛鬼带着箭支逃到了山中，高清带着乡人追踪到山中，发现了死去的牛鬼，他切下牛角，带回根香寺进行封印。从此，此处再无牛鬼作祟。

日本大部分地区的牛鬼都长着牛头和蜘蛛的身体。《御伽草子》[①]中，源赖光的手下渡边纲就曾与牛鬼交手过。

传说宇多郡的牛鬼是葛城山妖怪首领土蜘蛛的部下，受命去除掉赖光的左膀右臂。他变成一个美女去勾引渡边纲。渡边纲却十分机警，发觉了美女的身份，一人一妖大战起来。牛鬼不敌渡边纲，被砍下了手臂。渡边纲带着战利品回到京

①《竹取物语·御伽草子》，王新禧译，陕西人民出版社2014年版。

牛 鬼

牛鬼长着牛头和蜘蛛的身体，能够吐出毒液，毒死人畜，它的眼睛带着诅咒，能让人走火入魔，发疯而死。

城家中，老母亲忽然一反常态，执意要看看这只妖怪的手臂。渡边纲一拿出来老母亲就变成了牛鬼，原来又是伪装。渡边纲再次与牛鬼大战，源赖光过来支援，终于打败了牛鬼。

据说牛鬼是百鬼夜行中非常有威望的大妖怪，它能统率一个地区的妖鬼精灵，还有两种让人畏惧的能力。其一就是用毒。牛鬼能吐出毒液，人与家畜碰到就会身亡，这一点倒是符合蜘蛛的部分特性。日本风俗中，每当村中的水变得浑浊，就会认为是牛鬼出没，无人再敢饮用此水。

牛鬼的第二个能力是凶眼，它凶狠的目光带着诅咒，会让看见的人着魔。走火入魔的人会生出种种恐怖幻觉，最后七窍流血，死于非命。

牛鬼虽然凶狠，但不滥杀无辜，它的毒和凶眼只对一些缺德之人起作用，比如辱骂神明和不孝顺长辈的人，不会害普通人。可以说，牛鬼也是一种教化类的善妖。

牛鬼有一个搭档“濡女”，她长着美丽的脸庞，拥有飘逸的长发，上半身坐在海边的岩石上，下半身是蛇身，潜藏在水中，一旦有人被她的美色吸引，接近后就会被她吸干血液。更厉害的传闻是，只要看她一眼就会病死。濡女与西方神话中的美杜莎很像，但她并非独当一面的妖怪，濡女与牛鬼两个妖怪经常携手出行，在夜间寻找合适的猎物。濡女先勾引人，牛鬼伺机下手，配合得相当默契，一旦有人没有被勾引成功，要逃走的时候，牛鬼就会迈开几只脚，拦住去路。这时，濡女与牛鬼就会异口同声：“遗憾啊！遗憾啊！”一同吃掉那个绝望的人。

牛鬼在百鬼夜行中，虽然不算长相最奇特的，可也是一种组合型生物。牛本就强壮有力，再加上六只蜘蛛脚，行动迅速还会飞，实力简直逆天。也有人说牛鬼的身体是螃蟹，据说日本有一种巨型海蟹，名为高脚蟹，能长到三米长，头胸甲呈葫芦形，再加上蟹壳上的花纹，特别像牛头。牛鬼的出没地基本是沿海地区，而这种巨型海蟹能杀人，让渔民十分恐惧，因此，高脚蟹被后世的人们妖魔化，最终演化成“牛鬼”也是有可能的。

第十一章

百鬼夜行（中）

一、镰鼬

“镰鼬”是一种风妖，体型不大，大体还是鼬，也就是黄鼠狼。它虽然小，却十分凶猛。它有尖锐的爪子和牙齿，速度极快，如旋风一样，百鬼夜行中镰鼬不是凶神，但也不是省油的灯。在夜间，它用像镰刀一样的锐利尖爪袭击夜行者，被攻击的人就会被划开很长的伤口，奇怪的是，这伤口既不出血，也并不疼。

日语里将镰鼬写作“穷奇”，穷奇是中国上古四大凶兽之一，无论从外貌、体型还是攻击力上，镰鼬和穷奇都有天壤之别，很难让人联想到这两个妖怪前世今生有什么联系。镰鼬即使老了也不会长得特别大，只是速度更快，甚至超过风速。

被风妖镰鼬所致的伤口不会出血疼痛，所以在日本岐阜县，人们传说镰鼬是三兄弟的组合，一只负责绊倒人，一只划伤人，一只却给人上药，最终伤口不痛不痒不流血。这像极了被风所伤的人。岐阜县气候特殊，有一种小旋风，能够划伤人的皮肤。这种有趣的小旋风，在人们眼里就变成了镰鼬。

也有人说镰鼬其实是一家三口。在埼玉县，流传着关于镰鼬之家的传说。

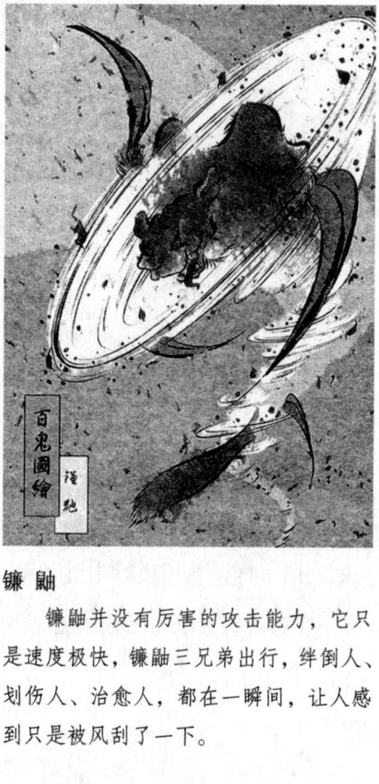

镰 鼬

镰鼬并没有厉害的攻击能力，它只是速度极快，镰鼬三兄弟出行，绊倒人、划伤人、治愈人，都在一瞬间，让人感到只是被风刮了一下。

镰鼬一家三口也是分工协作，镰鼬爸爸拿着大棒子，一棒子把人打倒，镰鼬妈妈持两把镰刀，在人身上嗖嗖划两刀，镰鼬宝宝背着药罐子，给伤口抹药，伤口很快就好。遇到镰鼬一家三口的人并不会受重伤，只会觉得晕了一下，疼了两下，然后就没事了。

据说埼玉县有一家豪强经常欺辱乡邻，他们家的少爷常常调戏良家妇女，有一次还逼得年轻女孩自尽。乡民告到官府，官府收受豪强老爷的贿赂，不予追查，这大少爷于是变本加厉地骚扰妇女。乡民很愤怒，为了出口恶气，私下里聚众，趁人不备，将这位大少爷打了一顿。家仆将只剩一口气的少爷抬回家。豪强大怒，逼着乡民们去山上抓镰鼬，用镰鼬的神药来挽救他的儿子。

乡民们无奈，只得上山将镰鼬一家抓起来，强抢了镰鼬宝宝的药罐子，拿药回来救治大少爷。镰鼬一家遭了殃，十分愤怒。镰鼬宝宝没了药罐子，每天大哭。于是，镰鼬爸爸和镰鼬妈妈便开始报复，跑到乡里，四处伤人。没有小镰鼬来用药，乡民们的伤口始终不愈合，很多人伤重不治，失血过多而死。乡民们只好去寺庙求助。寺庙里供奉了一位稻荷神，和尚告诉乡民，稻荷神曾经对镰鼬有恩，将稻荷神的神像请回村，再将药罐还给镰鼬，也许会得到镰鼬的原谅。

乡民们将稻荷神像抬回村子，镰鼬一家看到曾救过他们的稻荷神，就不再伤人。乡民们又将药罐还给镰鼬，小镰鼬破涕为笑，拿出药帮乡民们治愈伤口。虽然饶过乡民，镰鼬的父母却余怒未消，他们冲向豪强家，将大少爷砍伤，扬长而去。大少爷没有了镰鼬的神药帮助，终于流干血死去。镰鼬由于御风和神奇的治愈能力，被当地人供奉起来当作神明一般崇拜。

百鬼夜行中还有一只与风有关的妖兽，名为“风狸”。风狸也是小体型的妖怪，和貂的身形大小差不多。风狸是黑色的，在夜间行动，难以捕捉它的行踪。风狸的身体韧性特别强，很难杀掉，火烧刀砍均不会死，要用锤子砸头几千下，风狸才会毙命。然而只要有风风狸就会立刻复活，溜之大吉。因此，风狸又名“风生兽”，遇风则生。

二、犬神

犬神是日本的民间神明。这种外表上看起来像狗的鬼神，是日本民间十分忌讳的存在。犬类受到人类的豢养，驯顺忠诚，人类却利用狗的忠诚，使它变成妖魔，危害他人，本质上来讲，这妖魔源自人心。猫与狗都是人类最亲近的动物，在日本，猫成为“报恩者”招财猫，狗则成为“复仇者”犬神。

在日本的高知县有这样一个传说：有一个人非常憎恨某人，但是碍于种种原因，他不能亲自动手去报仇，便狠下心，将自己的爱犬埋入土中，只留了头在地上，然后向这条爱犬祈求，要它为自己复仇。在这之后，主人砍下了爱犬的头，烧掉后放在神龛中进行祭祀。这只爱犬怀着怨念死去，带着主人的憎恨，它的灵魂变成了犬神。犬神不仅报复了主人的仇人，还为他的主人带来了许多财富。而这家的主人也成为具有“犬神血统”的家族，世世代代豢养“犬神”。

犬神也是阴阳道中的一种巫术，被犬神附身的人会像得狂犬病一样，发高烧、昏迷或发狂。遇到这样的情况，家人就会向阴阳师求助。阴阳师们能够区分犬神到底属于哪些犬神家族，他们会帮助受害者找到这些家族的犬神筋，也就是犬神祭祀，来召回犬神，解救被附身的人。犬神筋是犬神家族中专门进行犬神祭祀的人，他们能够操纵犬神，所以颇得人们敬畏。

犬神家族既是犬神的祭祀者，也是犬神的制造者。他们用犬神制作蛊毒，诅咒他人或获取财富。每个犬神家族制造犬神的方式各不相同，有的家族会将狗绑起来，在它面前放上大鱼大肉，狗闻到味道，食欲大盛，此时主人就会砍下狗头，进行祭祀，然后丢弃狗头，由狗的怨念产生犬神。有的犬神家族会将生前作恶的狗丢到大海中的岩石上，看着狗被饿死或被淹死，进而使其成为犬神。总之，当时的人都是以非常残忍与变态的方法激发亡狗的怨灵，让它们接受主人的嫉妒与恨意，在主人指引下去咬人。

犬神家族世代相传，在日本德岛，犬神筋由女性担当，她们的犬神召唤术传女不传男。女孩 15 岁时，母亲会将家养的犬神交于女儿。犬神被饲养在犬神家族中，只有家族内部的人能够看到。每年的 3 月3 日、5 月5 日、9 月9 日都

犬神

日本传统的犬神形象通常与白儿联系在一起。白儿就是被恶犬咬死的小孩，他们死后的灵魂会作为犬神的侍从奴婢陪伴犬神。

要进行犬神祭，以防犬神发怒，祸害家人。对于犬神家族来讲，犬神是一种守护神，为了主人的利益去祸害别人；对于被诅咒的家族，犬神是一种作祟的妖物，防不胜防。

犬神家族如此可怕，很多其他家族尽量回避他们，甚至避免与他们通婚，有种惹不起躲得起的味道。

日本也流传着这样一个犬神报恩为主人复仇的故事：传说在江户时期，四国土佐有一个富商，家中一直没有男孩诞生。富商一天天变老，最终还是从亲戚家中过继了一个男孩，名叫菊丸。菊丸原本以为到了这家就鱼跃龙门，将来会成为家主，结果没过多久，富商的小妾就生了一个儿子名为次郎吉。富商虽然依旧将生意交给养子菊丸打理，但在年老之时，却希望将家业交给亲生儿子次郎吉。

菊丸得知养父的心意，内心不平，以致怨恨，便买通了家中的管家和家丁毒死了养父，对外宣称父亲急病猝死，暂时掌管家务，等次郎吉成年后再将家业交还给他。次郎吉并不知道哥哥的野心与狠毒，依旧十分敬重哥哥，因为年纪尚幼，还不能打理家务，每天只是读书，闲时逗逗狗——这是一条他从狗贩子手里救回来的小白狗，次郎吉十分喜欢小白狗，每次出去都带着它。

次郎吉一天天长大，家族中要求次郎吉重掌家业的呼声再起。菊丸十分焦虑，终于有一天，他让次郎吉出去购置货物，派出四个家丁跟着，并暗中买通家丁，要求他们路上干掉这个碍事的弟弟。家丁们与次郎吉路过深山，终于找到机会下手，他们将次郎吉逼到悬崖边，告诉次郎吉，他哥哥要杀他，而父亲的死也是哥哥买通家仆所为。

次郎吉又惊又怒，可此时他已没有反抗之力。正当几个家丁要行凶之时，次郎吉一直带着的白狗扑上来，挡在主人面前，救了次郎吉，但白狗却被家丁一刀砍掉了脑袋。次郎吉看到白狗惨死，抱住狗就大哭。此时，家丁一拥而上，想要杀死次郎吉，白狗却化作犬神，将四个家丁全部咬死。

次郎吉带着白狗化作的犬神回家，让犬神咬死了菊丸，同时也咬死了那些黑心的家仆。然后他将白狗的遗体带到了寺院，请高僧超度了白狗，进行厚葬。次郎吉也重掌家业，再度成为家主。

三、青坊主、海坊主与泥田坊

所谓的坊，在日本是和尚或光头的称呼，所以青坊主、海坊主与泥田坊，基本都是光头的形象。它们是人类幻化的妖魔，既有人性，又有妖性，是人形的鬼神。

青坊主是个大和尚，穿着青色的衣服，身材魁梧，他比较懒惰，所以大庙不收小庙不要，每天要走很多路，一双大脚变成了扁平足。青坊主是独眼，由于生前偷懒，所以死后为了赎罪，就要不停地敲木鱼。

青坊主是善是恶很难定论，因为他是独眼，所以又被称作一目坊。一目神通常都是山神，因为缺陷而没落，最后堕入百鬼之中。青坊主原本也是修道之人，经常出没在荒废的房屋中，但不害人，一副愁眉苦脸的样子。他十分喜欢小孩，在天黑之后，如果有贪玩的小孩不回家，在山中的青坊主就会将小孩抓住，带到洞穴里或荒废的寺庙中吓唬小孩子。他并不想伤害孩子，只是让他们得教训长记性，下次不要贪玩晚回家。

青坊主如此喜欢小孩，是因为一个传说。在日本战国时代，由于战火连绵，百姓生计艰难，很多人因此沦为山匪，或出家为僧，青坊主就是生活困窘的百姓中无奈做了和尚的那个人。他身材魁梧，面色青黝，却性格质朴，心地善良，只是头脑简单，背诵经文很困难，他的师父就让他去山上荒废的寺庙静修，以便专心背诵经文。

但寺庙中却早已住了一群小孩，他们因为战乱流离失所，白天乞讨，夜间聚在庙中住宿。青坊主觉得小孩子们很可怜就收留了他们，为他们在寺庙旁边盖了房子，还种了粮食，让他们不会挨饿受冻。孩子们也很喜欢青坊主，待他像亲人一样。

粮食成熟的时候，青坊主去城里采购，回到庙中，却发现来了山匪，不仅抢粮烧寺，还杀死了所有的孩子。青坊主一怒之下入魔，杀了所有的山匪。他虽然惩治的是恶人，却犯了杀戒。他的师父为孩子们超度后，把孩子们的头颅变成一串巨大的念珠挂在青坊主的脖子上，以避免青坊主再起杀戮之心。就这样，

青坊主

青坊主是个穿着青衣的大和尚，他十分喜欢小孩子，会吓唬到山中玩的小孩，让他们远离危险的地方。

海坊主

海坊主是海上拦路抢劫的妖怪，他们的眼睛泛着幽幽蓝光，会向渔民们要鱼，如果不给就捣蛋，掀翻渔船。

泥田坊

泥田坊是那些辛苦一辈子攒下田地的老人，他们死后子孙败家，老人的灵魂忍不住，从地下跳出来索要自己的田地，是一种地缚灵。

青坊主由佛成鬼，变成百鬼夜行中的一员。

在香川县，青坊主却是个十分麻烦的存在。他会跟随那些跑到山中上吊的女性，这些女人在上吊之前都会哭哭啼啼再三犹豫，青坊主就在旁边煽风点火：“你不上吊吗？”如果这个女人上吊了，青坊主就如愿以偿，消失无踪。如果这个女人闹了半日却不想上吊，青坊主就会亲自动手，将女人强行勒在上吊绳上。这里的青坊主恶作剧的味道更浓，显出了邪气的一面。

海坊主也是个和尚，身材同样胖大，身高六尺，在古代日本也算个异类。海坊主是海上的妖怪，出现在夜间，他的到来通常伴随着极差的天气和滔天巨浪，在浪峰之上会出现一个巨大的人影，黑黝黝的一片，却有着一双蓝光闪闪的眼睛，令人毛骨悚然。

海坊主并不吃人，他们会成群结队地拦住渔民的去路，抱住船只和橹，要渔夫交出全部的鱼，如果渔夫们拒绝，海坊主们就会朝渔夫们吐出黏液，掀翻渔船，让渔夫连人带船葬身海底。从这一行径上看，海坊主更像是一群海盗。偶尔有些渔夫会进行反抗，用船桨打海坊主，他们就会哎呀呀地惨叫起来。

海坊主的妻子在百鬼夜行中也很有名，叫海女房，又称海夫人。海女房很美丽，俊俏的脸，长发披肩，身形曼妙，可是腰部以下都是鱼身，像传说中的美人鱼。海女房喜欢鱼，自己却不会捉鱼，因此经常偷偷地潜上海岸，偷盗渔民晾晒的咸鱼。海坊主也会将强抢来的鱼交给妻子海女房，以喂养后代。

泥田坊相比强势的青坊主和海坊主普通多了，就是一个瘦骨嶙峋的小老头，长得黑黝黝的，通过勤劳种地换来了大量的田地。他生前十分节俭，都不肯为自己买件好衣裳，家人也过得非常拮据。没想到老人过世后，他的儿子终于解放了，再也不去务农，每天喝酒赌钱，很快就把老人的田产都卖了，换来的钱也花光了。老人在天之灵看得心疼不已，悲愤交加，他化成妖怪，夜晚经常从田地里钻出半个身子来，袭击那些经过田地的人，向他们投掷泥巴，喊着：“还我田来！”他也许将夜行者当成了买了他家田地的人。泥田坊所丢的泥巴据说奇臭无比，他自己也是浑身污黑臭气熏天。他的三根手指，代表着贪、嗔、痴，是一种无法化解的执念，也是日本人借神话传说，对悭吝者与不肖子孙的一种寓言。

四、以津真天与姑获鸟

以津真天这个名字让人摸不到头脑，日语翻译过来就是“到何时为止”。战争到何时为止？瘟疫到何时为止？黎民的苦难到何时为止？以津真天是一种巨大的鸟，它展开双翼，遮天蔽日，盘旋于战火连绵之地。以津真天在战火未熄的战场上凌空飞舞，每进行一场战役，就会有更多的以津真天聚集此处，哀婉凄厉地鸣叫，喷出妖异的火焰，染红战后的夜空。被它的火焰笼罩的天空下，人们失去了生的信仰，从此消沉颓丧，最终精神崩溃，郁郁而终。

以津真天就是那些亡者的冤魂幻化的鸟，是百鬼夜行中的恶妖，但是它的初衷并非加害人类，它希望战争能停止，希望灾难尽快离开人间。它昼伏夜出，希望用凄厉的叫声和恐怖的火焰，唤醒人们对战争的憎恶。瘟疫之年，以津真天也会增加，带着死亡的气息盘旋在野外荒坟之上。

以津真天是一种颇有警世意味的妖魔，它不会直接伤害人类，但毕竟会带来不祥与死亡，人们见到它就会出手剿灭。不过，以津真天飞得不低，且从不落下，只有十分有力之人才能用箭射中它。日本史上曾有一次以津真天出现的记录：公元1333年，镰仓幕府气数已尽，连年的征战让国家与黎民都陷入灾劫。这时，在日本皇宫中的紫宸殿出现了以津真天，它不断地叫着“到何时为止”，让皇宫中的人烦躁又恐慌，于是，宫廷下令处理妖鸟。宫中的神箭手隐歧次郎左卫门广有射下了这只鼓噪的怪鸟，皇宫方得宁静。不过，这只以津真天只是在哀叹连年的战祸让生灵涂炭，所以才跑来皇宫进行警示，只是那些争权夺利，为自己的权欲而挑起战争者，怎么会听一只妖鸟的进言呢？

以津真天人脸、蛇身、曲喙，牙尖爪利，长相凶恶怪异，在百鬼中的战斗力却一般。它们栖息于深山老林，但因长有叶片状的黄金羽毛，很多贪财者会潜入山林，来捉它以获得黄金。不过，以津真天本就巨大，腿脚肌肉发达，能喷火还能飞翔，一般人想捉住它十分困难。

姑获鸟是百鬼夜行中的另一种妖鸟，它源于中国的上古传说，传说它是颛顼的女儿，黄帝的玄孙女，这样一种神鸟是如何一步步堕落成妖的呢？

以津真天

以津真天是战火中聚集的亡灵，它飞翔在战场上空，在高空中警示人们。

姑获鸟

传说姑获鸟能给人带来灾祸，也有人认为，姑获鸟喜欢收集人们的指甲，预测福祸，如果这人有祸，它就会跟随鸣叫，警告人小心灾难即将降临。

鲁迅在《古小说钩沉》中记述了姑获鸟的故事：姑获鸟是一种白天飞翔晚上休息的鸟类，它们穿上羽衣则为神鸟，脱下羽衣就变成凡人女子。姑获鸟的别名很多，有天帝少女、夜行游女、钩星、隐飞等。姑获鸟没有孩子，但喜欢偷别人的孩子当成自己的孩子养。人们不会让孩子的衣服在夜间晾晒出来，因为姑获鸟会施展法术，在小孩的衣服上点一滴血，就能偷走孩子。

《山海经》中这种鸟原本是凤凰形象，生有九头九尾，被称作九凤；在楚国，姑获鸟也是被信仰的神鸟，被称为九头鸟。秦国灭楚，姑获鸟开始流落民间，由国家信仰变成民间信仰。此后，姑获鸟成了民间失子妇女的代言者，喜欢偷窃别人的孩子，自己养育，自此失去了神女的地位。

到了日本，姑获鸟的故事变得更加凄厉，神鸟变成了纯粹的妖怪。姑获鸟是由怀胎生子而死去的女人变化的妖魔，执念很深，产妇已经亡故，胎儿还没有死，产妇的亡魂就会变成人的样子，抱着孩子在夜间的路边哭泣。所以，姑获鸟就成为一个腰间染血，神情凄苦可怖女人的形象了。

五、滑头鬼

滑头鬼的原型是章鱼，它的头上光溜溜的让人抓不住头脑。所以滑头鬼又名滑瓢。日本人在家中举办宴席的时候，通常都会忙前忙后，张罗饭菜，招呼客人，等天色将近傍晚，每个人都心情愉悦，期待着即将到来的晚餐。

这时候常会有一位突然来访的陌生客人，这是一名神色严肃的老者，他光着头，穿着黑色的羽织，腰间挂着一柄小太刀，威风凛凛，走进门后，穿堂过室径直到客厅中，大大方方坐下。族中之人想要问询，却碍于他的威严无法开口，这就是滑头鬼。滑头鬼神情自若，口渴了就亲自动手沏茶，一点都不露怯，别人和他聊天，他却冷冷地不肯说话，只自顾自地喝茶，还将主人的烟斗拿过来自己享用，那舒服的样子简直就像是富商大贾在自己家里消闲一般。

家中的主人回来之后，看到有这样一位客人很是吃惊，他当然能确定自己并不认得这个不速之客，然而客人衣着得体，气度不凡，看来很有来头，使他又不敢得罪，只能假装热情地招呼他吃好晚饭，等着这个看起来大有来头的客人自

滑瓢

滑头鬼是百鬼夜行中人形的妖怪，没有人知道他从哪里来的，也没有任何关于他的典故。他被人称为客人神，是非常有名的外来神。

己离开。滑头鬼大快朵颐，吃饱喝足之后就会悄然离开，人们甚至不知道他是什么时候走的。

滑头鬼是个狡猾的妖怪，也是高超的心理学研究者，他能够看透人心，知道人们在什么时候不会拒绝别人，知道如何利用别人心中复杂的念头，来达到自己的目的，所以他是百鬼夜行中智商最高的妖怪。正因如此，滑头鬼在百鬼夜行中成为老大，他虽滑头滑脑，但颇有威势。百鬼夜行中的妖怪相互之间也会起摩擦口角，干起仗来伤和气。这时候滑头鬼就会出现，做中间调停人，他利用妖怪的性格与妖怪之间的关系，进行公允的判断和调解，使妖怪们心服口服，由此成为妖怪首领，是一种具有领导气质的妖怪。

江户时期，滑瓢又被称为“客人神”，据说是流落人间、堕落成妖的神明。滑瓢会穿着旧僧衣，挎着小佩刀，拈着长烟袋，踩着高木屐，顶着个大头，随随便便跑到别人家去做客，如果这家人殷勤招待，伺候周到，滑瓢就会带这家的人出去，到街市上大吃大喝，因为是“客人神”滑瓢带来的客人，商户们一般都不会收钱，还会恭恭敬敬地迎来送往，因为这个滑头滑脑的“客人神”能为他们带来财运。也有一些抠门的商人，讨厌这种混吃混喝，却又派头很大的家伙，私下里称他们为“挂单僧”，或骂他们是“挂单秃驴”。

六、道成寺钟

道成寺钟的传说是日本版的白娘子传奇，传说发生在纪伊国。富商庄司是个大善人，他非常慷慨，信佛向道，经常接济一些过往僧人。有一次，他接待了一个年轻和尚，名叫安珍。安珍年方二十，生得十分英俊，佛法学得好，人也极有修养。庄司很看好这个年轻人，安珍每次从老家白河到纪伊国的日高寺参拜途中都会经过庄司家，庄司都会热情款待，做好素斋，妥善安排他住宿。

庄司有一个小女儿清姬，年方十八，正是谈婚论嫁的年纪。安珍的俊俏与儒雅使清姬一见倾心，每当安珍来时清姬就显得兴高采烈。庄司看到女儿心仪这个小和尚，也觉得这是一桩不错的姻缘。那时候僧人还俗并不是什么大事，庄司也不计较安珍出身普通，便告诉女儿，他赞成他们两个年轻人在一起。

清姬得到了父亲的许可，心中再也无法平静。她不避嫌疑，夜晚到了安珍的房间，向安珍袒露心迹：只要他肯应允尽快还俗，便立刻禀明父亲，开始操办婚事。

没想到庄司之前并没有与安珍提过婚姻之事，安珍听到清姬的话大吃一惊。他没有这方面的心思——清姬只是单恋而已。但是，清姬的父亲对自己有恩，安珍又不能太没礼貌，只是委婉地推说他还没有想好，此次还要去日高寺参拜，如若决定了，回来再与她说。

第二天安珍天不亮就上路了，清姬得知后追了过去，当晚，安珍住在客栈中，清姬也到了。安珍有点感动，一个女孩子孤身一人追自己，诚心可鉴。夜里，安珍与清姬成就了姻缘，但事后安珍十分愧疚，他自认为修行了多年佛法，居然为了一个女子破了戒。羞愧的安珍没有向清姬道别，天不亮就离开了客栈，继续赶路。

清姬以为一定可以留住她心爱之人，没想到她从美梦中醒来，却不见了安珍，她十分着急，沿路寻找，别人告诉她，她要找的人向日高寺方向去了。

清姬追逐着安珍到了日高川岸边。安珍却已经上了一艘船，还买通周围的僧兵不让清姬坐船。清姬失望又愤怒，眼见安珍的船已经远去，再也听不到她的哭泣与数落，她看着日高川湍急的流水，万分绝望，突然纵身一跃，投水自尽。

日高川中忽然巨浪翻滚，一条青龙从水中跃出，这就是已死的清姬，她的怨灵化作了青龙，渡水上岸，继续追赶安珍。

安珍逃到了日高寺，却见清姬化作的青龙也远远赶来，忙向寺庙的住持求助，要他帮忙躲过劫难。日高寺刚巧新铸了一口大钟，相当沉重，即使是龙也无法掀动。住持让寺庙的僧兵们将钟抬起一点，让安珍躲在里面。

刚刚放好，青龙就来了。青龙变回了清姬的模样，她四处找不见安珍，正急切间看到了那口大钟。她确定安珍就在那口钟里面，于是在钟外苦苦哀求与哭诉，希望安珍能出来见她一面，没想到钟里的安珍自以为安全，一口咬定自己要修行佛法，不能与她再续前缘，要她快点回去。

清姬伤心欲绝，悲愤交加，她一头撞在钟上气绝身亡，遗体再度变成了青龙，身周燃着熊熊火焰，盘绕在钟上。烈火中，安珍在钟内被活活烤死，清姬化身的青龙也燃尽了自身。

住持将清姬与安珍合葬在一起。某日夜里住持做了一个梦。梦里，安珍痛悔前非，希望住持能为他与清姬超度。住持答应了他的请求，为他们在日高寺做了法事。安珍再度托梦感谢住持，他已经得道超脱。至此，日高寺改名为道成寺，那口钟也被命名为道成寺钟。

这是一个佛法与欲望两相矛盾的悲剧，道成寺钟最终也成为妖魔，它会将所遇到的人变成和尚，使他忘记自己的前世今生。这种妖怪是在讽刺那些僵化修习佛法的人，因执念于修行而毁灭人欲，冷酷无情。执着于男女之情是一种执念，然而执着于佛法修行又何尝不是一种执念呢？

道成寺钟

道成寺钟的故事，被后世编成歌舞伎剧《京鹿子娘道成寺》，演绎着这个凄美惨烈的爱情故事，在民间广泛流传。道成寺钟，也成为怀春少女的象征。

第十二章

百鬼夜行（下）

一、文车妖妃与尘冢怪王

鸟山石燕的百鬼画图故事《百器徒然袋》中曾经说："世间最苦之事莫过于文车的文，尘冢的尘。"这里说的是两种妖怪，文车就是文车妖妃，尘冢就是尘冢怪王。文车妖妃是奈良时代村上天皇的妃子，她长得美艳无双、魅力十足，深得村上天皇宠爱。不过红颜薄命，她的得宠，无论对于她还是她身边的人来说都是灾难。

村上天皇的后宫嫔妃大半是藤原家出身的，无论是在朝堂还是宫廷都很有影响力，但村上天皇偏偏宠爱美丽的文车妃，也因此只有文车妃为他生下一个儿子。当时后宫的大权是由藤原家把持的，从皇后到贵妃都姓藤原。最嫉妒文车妃的就是另一个得宠的嫔妃——大臣藤原元方的女儿佑姬。借助藤原家在宫中的势力，藤原佑姬得以陷害文车妃，让天皇将文车妃幽禁在冷宫，并当着她的面杀死了小婴儿。文车妃因为刺激而精神失常。三年后，文车妃在一天深夜里写下一篇血书，诅咒藤原佑姬和她的家族，然后含冤而死。

不久，深受宠幸的藤原佑姬也生下一个儿子，就是广平亲王。广平亲王自

文车妖妃

在百鬼夜行中，文车妃的形象是一个宫中运书的小车，听闻很多运书的宫女闲聊宫中轶事而成精，尤其遇到那些女性写的情书，运书的小车就会幻化成妖怪。这是一种言灵妖，本质上是文车上的书妖，被人运入书库就再无人问津，年深日久，终成妖魔，藏匿在书籍的字里行间，一旦有人翻开此书，就会受到蛊惑。化为人形的文车妖妃，有的长相苍老凶恶，有的却貌美温柔。

从生下来就多病多难，还有精神病。他的母亲藤原佑姬生下他不久就猝死了。村上天皇只有这一个儿子，广平亲王母子的遭际让他觉得这一定是文车妃的报复，所以内心郁结，在 42 岁就去世了。

广平亲王只做了两年的天皇，此后一直疯疯癫癫。他临终前有人看到一个长得很像文车妃的美丽女子在他的宅邸中出现。人们传说，文车妃死后的怨灵化为妖物来为自己的儿子索命。

平安时代也流传着关于文车妖妃和安倍晴明的传说。据说，文车妖妃是安倍晴明的第一式神，在安倍晴明少年时期就已经开始跟随他了。安倍晴明在读书的时候不喜欢被打扰，他的父亲就安排他去祖父的老宅中看书。老宅中有很多祖父的藏书，还有祖先阿倍仲麻吕从大唐带回来的珍贵书籍，安倍晴明如鱼得水，每天读书到深夜。可每每他一觉醒来，却总发现一些稀奇事：油灯一直点着却不见灯油减少，他的桌子上总会无端地出现一盏热茶，困倦伏案而卧时，晴明的身上也会多一件衣服为他挡御夜晚的寒气。

安倍晴明是阴阳师世家子弟，从小就熟悉这类事情，他知道，这一定是有精怪来过，但是这个精怪似乎并没有恶意。于是一天夜里，他假装读书困倦，伏案假寐。当听到身后的脚步声时，他抬起头睁开眼，正好看到一位美丽的妙龄女子在他的桌子上放了一盏热茶。

看到安倍晴明醒来，那女子很友善地告诉他，自己是文车妖妃，很早以前就已经在这书房中了，安倍晴明的祖父拜托她留在这间书斋中照顾他的后人。从此后，文车妖妃继续在这所旧宅中陪伴安倍晴明，辅助他解读很多艰深的典籍。安倍晴明有后来的成就，文车妖妃功不可没。安倍晴明死后，文车妖妃也不知所踪，也许是去了那些藏书颇多的人家，继续敦促好学子弟吧。

尘冢怪王的遭际虽然没有文车妖妃悲惨，却也很令人唏嘘，它并没有一个固定的实体，只是散落在陈年旧物上的灰尘，在角落里无声无息，四处飘荡，无所归依。一旦人有了伤口，这些灰尘沾染其上，就会幻化成付丧神尘冢怪王。这种妖怪会趴在人的后背上，吸取人的精气，人的关节便会咔咔作响，浑身没有力气，手脚发麻走不动路。尘冢怪王虽不起眼，却是付丧神中的王，它无所不在，引导着各种付丧神。

尘冢怪王霸道起来十分不好惹。肥后国就曾经出现过尘冢怪王的传说。据说，有一年过年时节，肥后国的一个农民久兵卫出门去办年货。他采购了很多东西，将它们装好驮在马背上，欢喜地踏上归家之路。没想到乐极生悲，遇到了尘冢怪王。

尘冢怪王叉着腰站在路中央挡住了久兵卫的路，它像盗匪一样要求久兵卫放下货物，赶紧滚蛋，不然连他的马都吃掉。这些年货是久兵卫辛苦劳作一年的钱买来的，怎么可能轻易都给这个不知道哪里窜出来的妖怪？久兵卫拿起一束海带，像对付野狗一样丢向尘冢怪王，然后牵着马就跑。

尘冢怪王被海带砸了一下，却并无大碍，它将海带吞了，继续追久兵卫。久兵卫又将他买的糖、魔芋纷纷丢向尘冢怪王，却只能阻挡一时，尘冢怪王已经被激怒了，它不肯善罢甘休。眼看着东西就要丢光了，如果被尘冢怪王抓住，不仅马会被吃，连自己都会有危险。久兵卫急中生智，看到背包里还有一捆买给老爹的烟草，便将烟草点燃丢向了尘冢怪王。尘冢怪王一口吞下，却被烫到，连忙吐出来，那烟却熏得它睁不开眼，脑袋发胀，分不清东南西北，没办法追赶久兵卫。就这样，久兵卫趁机骑马快跑，摆脱了尘冢怪王的追击。

关于尘冢怪王的流传更广的故事，发生在群马县的一个富商家。

有一年群马县闹山匪，抢钱抢粮，搞得民不聊生。当地官府就动员富户人家出钱赈灾，群马县的首富却十分吝啬，不肯出钱，只肯出粮。但他捐出来的粮食都是陈年发霉的粮食，贫民吃过后就会生病，对于原本就遭山匪抢劫、家徒四壁的贫苦百姓来说，简直是火上浇油。

忽然有一天，富商发现家里的小金库中布满了灰尘，连最精贵的珍珠上都十分肮脏，擦拭干净后第二天又落满厚重的灰尘。富商觉得十分蹊跷，便夜间躲在金库外，从门缝中向内查看。只见一群小鬼围着一个戴着王冠的大妖怪，在金库中群魔乱舞，搞得灰尘漫天，那大妖怪还在啃富商装着珍珠的箱子。富商心疼不已，却不敢做声。

第二天富商张榜求贤，请高人来家中驱邪，群马县各路高僧法师都来做法事，

尘冢怪王

百鬼夜行中的尘冢怪王，是如同凶兽的一团妖怪，头上还戴着王冠。尘世的灰尘无处不在，无孔不入，尘冢怪王知晓所有妖界与人间之事，所以，他成为凌驾于众多百鬼小妖之上的王，也是日本民间所敬畏的鬼神之一。

却都没效果，金库中灰尘依旧，珠宝也损失不少。这时候一个穿着旧僧衣、样貌普通的老和尚登门，说他能降服此妖。富商半信半疑，但无可奈何，只能让他试试。

僧人当夜进入金库，小怪看到僧人纷纷躲避，大妖怪却并不惧怕。他自称尘冢怪王，说自己原本只在穷人家作怪，将他们家里弄脏，但是那些穷人现在已经赤贫，每天没有心情打扫卫生，家中早已布满灰尘，自己没有用武之地。因此他才会带着小怪，来富商家捣乱。

僧人正是日本历史上赫赫有名的法师空海，他见尘冢怪王并非残害人类的恶妖，便与他约定暂时不会驱逐他，但七日内他不能再作怪，空海会与富商协商，救济那些赤贫的家庭，让尘冢怪王能够回到他们家中。

空海告诉富商，妖怪已经被他降服，只是富商需要出资救济那些因为吃了他的陈米而生病的贫民，富商满口答应，等空海走后，却把救济的事忘得一干二净。七日后，尘冢怪王带着小怪又在金库作怪。富商损失惨重，只好再请来空海。空海让富商买粮食救济了贫民，贫民的生活恢复了往常的样子。这次，尘冢怪王才真的离开富商家，回到了那些即使每天打扫却仍然会有灰尘的贫民家。

二、桥姬

在宇治桥的西边有一座很小巧的神社名为桥姬神社，其中供奉着一位奇特的女神，她上身半裸，下身穿着红色的裤裙，右手拿着钓鱼钩，左手缠着蛇，是一位看起来就不大友好的女神。据说，附近的迎亲队伍一定会避开宇治桥，以防这位分手女神冲撞了新人的婚事。

桥姬的形象，在日本更多的是因嫉妒而幽怨的女子。不过，最初的桥姬是有神格的，她是水神或者河神，曾经是离宫八幡神的恋人。这位八幡神每天晚上来桥姬家中共度良宵，早上就无情离去。宇治桥姬又伤心又恼火。于是每当宇治川的浪涛汹涌起来人们就知道八幡神已经离开此处，回八幡宫去了。八幡神有时也会去其他女神那里消遣，桥姬只能整夜地守在桥边，期盼着八幡神的到来，其状十分凄苦。也有人说，桥姬的恋人并不是八幡神，而是住吉神。不论其恋人为谁，这个神话后来成了传说中桥姬“怨念”的根源。

桥 姬

《古今集》中，有一句“今宵依旧孤枕眠，宇治桥姬入我心”，大概和中国古代那些深闺怨妇的“夜雨百年心”“夜深千帐灯”是同一种心境。桥姬孤独地困守家中，丈夫此刻在哪里？大概是去花天酒地，和别的女人欢愉去了吧。

这种传说与日本古老的访婚制有关。古时的日本，很多男子都会在黄昏时分去女人家中过夜，在清晨离开，因此，民间便流传着神明用这种访妻的方式成就姻缘。

桥姬的故事越向后发展越亲民，桥姬本人也演变成了普通女子，这种桥旁女神逐渐变得和女鬼差不多，每座桥一个，各有各的传说，却都十分近似。

平安时代，桥姬是一位家住宇治桥边的女子，她的丈夫非常爱她。桥姬怀孕后，孕吐得厉害，丈夫很心疼，就问她想吃什么，他会设法弄来。妻子要吃伊势的裙带菜，丈夫二话不说就去了伊势。那个时候商业不发达，稍微有点特殊的东西在集市上都买不到，只能自己动手丰衣足食，丈夫就直接跑到海边去摘裙带菜。

妻子在家中等着丈夫，等了很多天也没见到丈夫。她非常担心，亲自到了伊势的海边，却见到了丈夫的亡灵。原来，丈夫爬上海边的悬崖去摘裙带菜，结果失足落海而死。桥姬悲伤地返回宇治桥，每夜等在桥边，希望丈夫有一天能活着归来。

平安时代的桥姬本质上还是一个非常善良而痴情的平凡女子，到了镰仓时代，这位曾经的女神开始妖魔化。

这是一个遭到丈夫抛弃的女子，她的内心嫉妒而怨愤，决心报复负心汉。她去神社参拜，最终得到神官指点，穿着火红的衣衫，脸涂成红色，将头发绑成五只角，头戴一个有三个角的灯架子，其上点着蜡烛，在满月之夜跑到宇治川，将自己浸在桥下的河川中，从此达到复仇的目的。

女人依言照做，果然在宇治川中变成了厉鬼，杀死了负心汉和他的新欢。红衣而头上长角，是日本典型的恶鬼相，通常都是怀有执念的怨妇所变。桥姬的形象也自此定型，变成了嫉妒之神。

关于桥姬也有一些其他的零散传说，比如父亲因为被强制祭桥惨死，女儿化作厉鬼报复所有从桥上路过的人；或是因为无法与心爱的男子在一起，女子从桥上跳水而死，死后变成女鬼，在桥边勾引那些长得像她恋人的男子，将其骗入水中淹死。桥姬也曾经出现在一些草子[1]中，比如在源赖光的故事中，其家臣渡边纲就遇到过桥姬，砍下她的右臂，后来桥姬幻化成他的老母，来骗回自己的右臂。渡边纲曾经砍了三个右臂，一个是茨木童子，一次是九尾狐，一次是桥姬，最后还都被骗走了。

三、青女房与丑时之女

唐诗有云："白头宫女在，闲坐说玄宗。"几个年纪大的宫女无事的时候聚在一起，闲聊唐玄宗在位时的宫廷轶事。古代大多数的宫女，很少在宫中熬到白头，一般年纪大了，在宫中又没什么地位，就会被放出宫嫁娶，再选入年轻的宫女进宫侍奉。

青女房就是这种到了年纪被放出宫去，却最终成妖的百鬼之一。

青女是有良好家庭出身的女子，她年轻貌美，已经与心仪的男子有了婚约，这时候，宫中却召唤她入宫侍奉嫔妃。青女便与男子约定，待她从宫里出来，再续前缘。青女在宫中小心翼翼，努力工作，职位越升越高，年纪也越来越大，一年又一年，容颜渐衰，最终圆满离开了皇宫。她回到曾经的家中，那个曾经信誓旦旦等待自己的男子却早已经耐不住寂寞，娶了别的女子，儿女绕膝，而青女再无人问津，孤独终老，相思无尽头。她等着那个男人回来，不肯离开这荒废的旧屋。渐渐地，她无心打理发髻，任首如飞蓬，形容枯槁，最终成魔。

每当有人经过旧屋，青女便偷偷梳妆打扮，从门缝里向外窥视，看那人是否是自己等待已久的恋人。如果不是，青女就会十分恼火，将那人杀掉。特别是那些年轻俊美的男子与漂亮的女子，青女一定不会放过。长年累月积攒的怨念，使青女变成了妖怪青女房，披着凄美艳丽的旧宫装，每日描着眉，等待那再也不会回来的人。

青女房原本有着良好的教养，她牙齿涂黑，是那些皇族和宫廷贵族才有的装扮。她是平安时代很多有同样遭遇的宫女的代表，这些女子在宫中数年，所用皆是奢华之物，再回到民间，却已过了能定良缘的年纪，也没有独立生活的能力，

---

① 草子：来源于《徒然草》，意思是指"草纸"或"册子"。

青女房

日语里“坊”或“房”，有僧尼之意，女房也就是女尼。青女房并非尼姑，她是一个被抛弃的女子，再不会有姻缘，独身若寡，便称之为“房”，和女尼一样孤寂，青灯独守。

丑时之女

被抛弃的怨妇在三更半夜戴着恶鬼面具，拿着锤子，狠狠地将稻草人钉在树上，似乎那稻草人，就是她所怨恨之人，让人不寒而栗。

因此生活潦倒无依，心中充满怨念，整日愁眉不展，脾气古怪，便被人们妖魔化为青女房。

在《吾妻镜》中记载了青女房的踪迹。

在平安时代，一个夏季的后半夜，将军家的南面忽然所有灯都熄灭，万籁俱寂之时，一个身着白衣的女官缓慢地飘过前庭。侍卫拦住她询问来由，她却一声不吭，一直走到门前，忽然闪出烛火之光，消失无踪。

将军觉得此事蹊跷诡异，便找来阴阳师占卜，当时的阴阳师是安倍晴明的后人安倍泰亲。他知道这女官是宫女怨灵所化，来到将军府中便是灾难将至的预警。于是他让将军在家中的南面庭院进行祭祀慰灵。但这并没起作用，第二天夜里，在同一时间，整个京城发生了大地震。

丑时之女和青女房身世相同，也曾惨遭抛弃。丑时之女更加悲惨，是失身之后遭人背叛，所以，她变为厉鬼之后，报复更加主动与激烈。

丑时之女会在丑时，也就是半夜一点到三点之间，跑到阴气森森的树林中，将代表着仇人的稻草人用锤子狠狠地钉在神社的御神木上，进行一种古老的诅咒。她的头上顶着插了三根蜡烛的铁圈，由于她的身体如薄雾一般透明，映着烛火之光，就会呈现出诡异的红色。稻草人连续钉七天，被诅咒的人就会痛苦地死去。

丑时之女通常会出没在神社周围，被称为某神社的丑时之女。丑时之女是日本民间最普遍的怨妇成魔的形象，她头上的三根蜡烛代表着情感、仇恨与怨念。丑时之女有强烈的嫉妒心与报复心理，她们因爱生恨，被怨念裹挟，一念成魔。

丑时之女的诅咒方式隐蔽、便捷、见效快，很多被男人抛弃的女子会模仿丑时之女对负心汉或者抢走男人的女子进行诅咒。她们穿上白衣和单齿木屐，胸前挂着铜镜，嘴里叼着把木梳，头顶三根蜡烛，拿着锤子和五寸钉，在三更半夜跑到深山老林，一言不发，就向神木上钉钉子。空旷的山林中，回响着她们发泄怨念的声音。

四、络新妇

有一种蜘蛛叫络新妇，这种蜘蛛长着黑黄相间的斑纹，它的丝是金色的，能够织成闪着光芒的金色锦缎。在日本，络新妇同时也是一种妖怪，她会杀死与自己欢好的男子，如同现实中的蜘蛛。

最早的传说中，络新妇是《贤渊的传说》中的蜘蛛精。

传说一个有道之人将去高野参拜，坐在道旁休息时，一只蜘蛛爬了过来，在他的脚上缠了一根蜘蛛丝。这人觉得蜘蛛如此渺小，吐丝织网不易，怕伤害蜘蛛，就小心翼翼地将蛛丝从脚上取下，挂在了身边的草叶上。等他睡醒却看到骇人的一幕：那蜘蛛丝以极大的力量，将周边的草缠成一团，然后拉入河中。这蜘蛛便是络新妇。

在很多故事中，络新妇幻化成美丽女子，同样拥有巨大的纠缠之力。

在《曾吕利物语》中，一位隐居山中的男子落日之后在山中散心，忽然看到树上有一个六十岁左右的女子，涂黑牙齿，披散着蓬乱的头发，朝着他邪魅地一笑。

男子吓了一跳，连忙转身回家。临睡前他看到一个女子身形和头发的影子映在纸窗上，正欲破门而入，这身形正是他在山中看到的妖女。男人吓得跳起来，提起防身的刀朝那妖女腰间就是一刀。

妖女被砍后夺门而逃。家人听到打斗的声音赶来，看到男子昏倒在地，四周搜寻，发现一只巨大的蜘蛛，残肢断爪散落了一地。

在《宿直草》中，络新妇继续进化，变成一个年轻妇女：一个男子，住在人烟稀少的地方，将近四更的时候有妇人抱着孩子来了。男子十分警惕。这妇人笑着对怀中的小孩说："那人是你的父亲，让他抱抱你。"小孩向男子走来，男子手持武士刀怒目而视，小孩吓得跑回母亲身边。妇人再次推着小孩，让他别怕，去找父亲，男子瞪着小孩，小孩不敢接近，再次回到母亲身边，这样反复了四五次。

那妇人微微一笑："还是我自己来吧。"她身法极快，倏忽间到了男子面前，男子手起刀落，劈向那妇人。妇人被砍中，大叫一声，沿着墙壁攀上顶棚。

络新妇

络新妇有很多种脸孔，或是老妇，或是美丽的少妇，或是漂亮的少女，但它的本质是蜘蛛，迷惑人类，以人的血肉为食。

天亮后男子爬墙上房，在顶棚上看到一具巨大的蜘蛛尸体，爪长二尺，后背有一道深深的刀痕。蜘蛛尸体旁有很多人的尸骨。那个看似小孩的东西，却是一座石头五轮塔。如果当时这男子砍向小孩，如此坚硬的石塔，一定会将他的宝刀崩断，男子最终也会因为没了武器而被络新妇所害。

《太平百物语》中，有一个叫孙六的人，遇到一位老妇人邀他去家中做客。孙六在老妇人家遇到一个绝色女子，衣着华丽，长发披肩。这女子对孙六倾诉心中的仰慕之情，想与他结为夫妇。孙六已经有了妻子，便婉拒了。但这女子纠缠不休。孙六干脆一走了之。他刚刚出门，这座宅院立刻消失得无影无踪，只剩一片竹林，他就在自家房前。孙六在竹林中四处查看，忽然看到一个女郎蜘蛛在地上爬。他抬起头，看到无数蜘蛛在他家的屋檐下筑巢。孙六恍然大悟，昨天晚上，他曾经用烟管将很多蜘蛛从家中赶出来，这些蜘蛛变成女子捉弄了他。

日本传说中的络新妇也叫新罗妇、女郎蜘蛛，她们白天是美艳的女子，凭借姿色勾引年轻的男子，到了夜晚，络新妇就会变成蜘蛛，吐出小蜘蛛，吸食人血。在诱惑男子后的第三天，络新妇会将男子的首级取下来，吃掉男子。

即使没有络新妇，日本人对蜘蛛也是既敬且畏，他们认为蜘蛛有神奇的力量，它们的出现，往往带着某种征兆。早上出现的蜘蛛，意味着贵客将至，是喜蛛；夜晚看到蜘蛛，却意味着盗贼将至，令人恐惧。

五、座敷童子

关于座敷童子，有着这样一个动人的传说。

相传在日本的东北部某个贫困的小山村里一位母亲带着她幼小的女儿，住在破旧的房子里。父亲不幸离世，母亲又经常生病，穷人的孩子早当家，小女孩每天上山采药，既能给妈妈治病，又能换钱糊口。

有一天清晨，小女孩早早出门采药，母亲做好了早饭在家中等待，一直到晚上也没见女孩回来。

此后每天早上，母亲都会在门前发现很多新鲜的草药，却再没有看到自己的女儿，也没有人知道这些草药是从哪里来的。母亲拿这些草药换了钱，治好了病，可那草药还是不间断地出现在门前，风雨无阻。

有一天清晨，母亲守在门口，在迷蒙的雾气中她看到了一个熟悉的身形到了自家门口，放下草药就转身跑了。那正是离家多日的小女孩。母亲唤她的名字，她却走得更快了。母亲在她身后跟着，上了山，一直来到了悬崖边。

小女孩终于停住了脚步，她回头恋恋不舍地看了一眼母亲，然后挥了挥手，从悬崖上跳了下去。母亲赶上前，发现崖边只有女儿的一只鞋和一个装满了草药的篮子。原来小女孩早已死去了，她担心母亲的病，即使是死后也依旧每天到悬崖边采药，直到母亲病好，她才真正解脱。

小女孩后来成了座敷童子，她同情有同样遭遇的贫困家庭，希望这些家庭都能摆脱贫困，幸福生活。她的愿望被神明垂听，赐予了她带给人幸福的力量。

座敷童子通常是小孩的样子，梳着河童一样的发型，有着红红的脸颊，穿着红色的和服。他们多数是女孩子，也有一些是男孩或一对童男童女。座敷童子是家中的精灵，只有和他们住在一起的家人才能看见他们。

因为是小孩子，免不了淘气，座敷童子喜欢与家中的小孩子一起玩。在一群孩子中，经常会多了一个谁也不认识的小朋友，但是不知何时又不见了，这就是座敷童子。他们喜欢在空旷的房间里啪嗒啪嗒地跑过去，却不露身影；有时候会趁着人睡觉，硬将枕头翻过来，或者在干净的地上踩出一串脏脏的小脚印；有时候会模仿出奇怪的声音吓唬一个人在家的人。他们虽然爱胡闹，但不会伤害人，他们的恶作剧只是为了好玩。

人们常常会将座敷童子供奉在家中的堂屋或是仓库中。在日本人眼中，他是幸运之神，会给家庭带来好运，让家族兴旺，在家族遇到灾难的时候，座敷童子也会守护家庭，比如，要发生火灾或地震，座敷童子会提前警告家人，使家人们从灾难中逃脱。座敷童子是一个小小的福神。不过他也有脾气，如果家中人对他不敬，或做出让他不喜欢的事情，他就会很快离家，而这个家庭也会从此一蹶不振。

不过，座敷童子在帮助一个贫困家庭变得富裕之后，又会跑去另一个贫困家庭。这时候，如果富裕的家庭担心福神离开会使得家道由此衰落而去找法师强

座敷童子

座敷童子原本是守护家宅的神明，却被人归入百鬼一类。它通常是小女孩的样子，在家中恶作剧，但从不伤害人类，反而会带来福祉。它是具有正能量的小小神明。如果座敷童子离开了，那么这户人家就会遭遇不幸。正因如此，座敷童子无法跻身神明，只是作为百鬼中的一种妖怪流传世间。

行留住座敷童子，就会招致厄运。座敷童子是个自由的精灵，不喜欢受人束缚。

在日本的岩守县有另一个关于座敷童子的传说：古时候，当地山中有一个雷兽经常吞吃小孩，百姓们苦不堪言，后来来了一位阴阳师收服了雷兽，超度了被雷兽吃掉的孩子。但其中有一个男孩说什么都不肯被超度。因为他之所以被雷兽吃掉，是为了去山中寻找迷路的妹妹，妹妹没有找到，他不能离开此世。阴阳师同情他，但又怕他的灵魂被浊气沾染成魔，就做了两尊小地藏，让哥哥寄宿在其中一尊之中，另一尊附着引导妹妹灵魂的灵力，希望有朝一日让兄妹团聚。

两尊小地藏立在村口，经过了很多岁月。有一年村子里要修路，需要搬走这两尊小地藏。一位姓山口的樵夫听过小地藏的传说，十分同情他们，就将他们请到家中供奉起来。两尊小地藏中的兄妹早就重逢了，经常暗地里做一些好事，因此，被当地山神收作护山童子，也有一些法力。他们觉得樵夫很善良，为了感谢他，就暗暗帮助他。樵夫的日子越过越好，娶妻生子，家业也越来越大，家中人丁逐渐兴旺，成为当地有名的富户。人们传说，这都是因为山口家中有那两位守护在家中的童子神明，因此，这两兄妹又被人称为座敷童子。

老樵夫逐渐老去，临死前他觉得座敷童子为自己带来了这么多的福运，他死后不希望座敷童子再被拘束在家中，就命人将两尊小地藏送归山林。老樵夫的家人却不这么想，他们觉得座敷童子走了会影响家运，在将老人安葬后，就急匆匆地找到山中的座敷童子，又将他们带回山口家，关在内室里。座敷章千从此就被困在了山口家，不得自由。

山口家虽然依旧兴盛，却从此再也没有生出男丁。世世代代，山口家最漂亮的女孩被选来终身陪伴座敷童子，永远不能离开家门。家中其余的女孩则招赘女婿，这些上门女婿，无论一开始多么敦厚淳良，到山口家后都会变得狂躁暴戾。家中逐渐开始弥漫着怪异的气息。终于有一天，有一个被选来陪伴座敷童子的女孩忍受不了这种形同牢狱的生活，将座敷童子偷偷放走了。座敷童子重返山林，恢复了自由之身，山口家却大祸临头。

座敷童子离开的当晚，山口家的院中长出了很多肥美可爱的蘑菇，家人将这些蘑菇采摘下来做汤，结果，全家都被毒死了。只有一个六岁的小女孩因为在朋友家做客而幸免于难。她回家后看到满地横尸，震惊之后恸哭失声。山口家的亲戚朋友们听闻此事，纷纷跑来，但他们不但不帮忙，还趁火打劫，借口山口家欠他们钱，将山口家的东西全部搬走。一个曾经受过山口家恩惠的孤寡老妇，同情这个小女孩，收留了她。

座敷童子得知此事，他们固然怨憎山口家的世代拘禁，却也依旧记得当年老樵夫对他们的恩情。于是，哥哥选择留在山口家最后一个孩子身边，守护她长大，帮助她重振家业；妹妹则远走他乡，选择到那些家境贫寒但心地善良的人家，为他们带来福运。

第十三章
七福神

一、七福神

七福神是日本的八仙，他们来自三教[1]，乘坐宝船，各显神通。七福神驱邪避凶斩妖除鬼，为人们带来吉祥与幸福，在日本是家喻户晓的存在。中国的八仙被民间安置在各种地方，比如墙壁上、盘子上、服饰上、桌椅板凳上，使生活充满了祥瑞仙气。日本的七福神也被供奉在船上、店中和住宅里，祈祷积福添寿，财运亨通。

在日本历史上，从室町幕府开始，就有向七福神祈福的风俗。此时正是中国的元末明初，中国很多士大夫和文人因为政治黑暗，民生凋敝，空有抱负却无法施展，只能醉情山水，谈幽论玄，隐逸山林，这种隐士文化也影响了日本。最初是一些日本的公卿大夫，受汉文化的影响，将玄学清谈中的“七贤”“七神”图画挂在墙上。民间照猫画虎，供奉“七福神”，取义佛教中的“七难既灭，七福既生”，不仅在年节将“七福神”请入家中，还为七福神修建了各自的神社。

七福神来自于不同的宗教和国度，却被日本人聚在一起，共同降福。通常

① 三教：儒教、释教、道教。

七福神

七福神各司其职，也是各种主流行业神的集大成者，商人信仰大黑天与惠比寿，他们是商业之神；从事音乐与艺术工作的人信仰弁财天，她是艺术女神，为艺人们带来庇佑与灵感；知识分子信仰福禄寿神；旅人、医生向毗沙门天祈福；寿老人代表长寿与财运；布袋和尚代表满足与快乐。

所说的七福神是惠比寿、大黑天、毗沙门天、弁财天、福禄寿、寿老人、布袋和尚。

七福神中，只有惠比寿是日本土生土长的神明，大黑天、毗沙门天、弁财天来自印度的婆罗门教，福禄寿、寿老人来自中国道教，布袋和尚是佛教菩萨，这些都是在乱世中久经信仰考验、人气最高的几位民间神明，百姓们将他们聚在一起，以祈求带来福气。每到春节，贫苦百姓中就会选出一些人穿上七福神的衣服，潜入别人的家中，这是在扮演“七福神盗贼”。被这些吉利的“盗贼”光顾的家庭，全都兴高采烈，一边喊着“福神来了”，一边给些财物，不让“福神”们空手而归。这也是一种比较有趣的施舍方式，花钱买个吉利，贫苦百姓得到这些钱，也能开开心心过节。

七福神之所以乘坐宝船，是因为最开始的时候，他们就是被船上供奉的神明。日本文化的输入基本都源自海路，纪记神话中很多神明就是突然在海上出现的。日本人对海船非常重视，他们不仅依赖渔业带来丰富的水产，也通过海上贸易和文化交流，获得经济和文化上的进步。

江户时代，坐着宝船而来的七福神形象已经深入人心。日本人会像中国人卖年画一样，在春节之时，满街卖七福神的宝船图，买回家的人们会将宝船图放在枕下。传说这种做法会带来好梦。年初的好梦也被称为初梦，如果梦到了富士山、鹰、茄子、扇、烟草、座头等，就会收获一整年的幸福。

二、惠比寿

惠比寿在七福神中排名第一，他头上戴着黑色高帽，身上穿着狩服，这原本是宫廷贵族的打扮，但他偏偏一手抱着一条肥胖的鲷鱼，另一手拿着鱼竿，又像个渔民。这很符合他的出身。传说，惠比寿是比天照大神降生还早的高天原神明，当年伊邪那岐与伊邪那美进行了错误的结婚仪式，生下的第一个孩子是个蛭儿，大概就是近亲结婚所生的畸形儿。夫妻两人十分失望，让这孩子顺水漂走。这个被遗弃的孩子就是惠比寿。他出身尊贵，却又堕入凡间，最终还是成了神明，而且是人气最高、在民间最受喜爱的福神之一。

日本人会将一切顺水漂来的不明物体称为惠比寿，大概就源于那段神话。

后来，凡是水中漂着的都与惠比寿产生了关系，比如海上浮着的鲸鱼、穿梭往来的鲨鱼、能凌越海面的海豚、不知何处漂来的海上枯木，甚至海难后漂到岸边的浮尸，皆成神明。这位原本被高天原所抛弃的神，也开始端坐厅堂，享受人们对它的供奉。

不仅如此，日本人还主动去寻找这位神明。大海喜怒无常，日本作为岛国，很多地区靠海吃饭。在渔猎季，日本的一些年轻渔民会蒙上眼睛，潜水到海底，捞一块石头上船，然后将石头供奉起来。他们认为这种石头带有神性。希望惠比寿神能保佑他们出海平安顺利，保佑当地渔业获得丰收。

惠比寿原本是渔业神，但船不仅被用来打鱼，也是旅行和商业必需的工具，因此，海上的惠比寿，又逐渐成为旅人与商人的保护神。他笑容满面，慈和富态，代表着丰收的喜悦，商人让他来守护自己的买卖，祈祷生意兴隆、财源广进。常年在海上往来的旅人，会在出发前向惠比寿祈祷此行顺利，旅途平安，惠比寿又变成了家喻户晓的旅人守护神。

信仰惠比寿的通常是普通百姓，渔民在撒网之时会大喊“惠比寿”，期待这一网能带来丰收。东京的惠比寿地区是日本的三大购物胜地之一，在惠比寿车站，还有惠比寿雕像，显示了惠比寿地区从商的人们对这位神明的信仰。

由于宣扬惠比寿信仰的人曾被称为“夷回”，因此惠比寿又被称为“夷三郎大明神”，或简称为“夷神”。每年的 1 月 10 日是传统的“惠比寿之日”，人们会在这一天举办大型的祭祀活动“十日戒”，商人们也会去参拜神社，祈求财神带来一年的生意兴隆。

三、大黑天

大黑天神原是印度婆罗门教的湿婆神，与梵天和毗湿奴并列为印度三大神。大黑天是毁灭者，具有双重神格，即毁灭与繁衍，破坏与创造。他有三眼四手，头顶一弯新月。湿婆神进入佛教系统后，大黑天成了佛教中的护法神，负责治愈疾病与带来财富，因此他又是医神与财神。在藏传佛教中大黑天神是毗卢遮那，又称大日如来，也是一位护法神。到了蒙元时代，大黑天神又因为忽必烈的供奉成了军神，在明末甚至传到了女真人生活的区域，满族人也供奉着大黑天。

在古代中国的中原地区，大黑天是作为财神被信仰的。作为修习密宗法度的财神，大黑天据说是一位能令财富急剧增值的神明，广泛地被供奉在寺庙的厨房中，故此大黑天也是一位厨神。中国的财神文化漂洋过海传入日本后，由于神佛习合，日本吸收了佛教中的诸位神明，这位大黑天神，由于其繁殖与创造的神性，被放入了七福神中，成为正牌财神爷。

大黑天初到日本时，在著名的佛教名山比叡山得到供奉。比叡山是日本天台宗的总本山，曾经被毁僧谤道的织田信长一把火烧掉，在德川时代才再次修建。比叡山在日本被视为镇守京师的圣山，大黑天就是比叡山的守护神，被供奉于比叡山各个寺院的食堂中。百姓来参拜神佛的时候也会参拜这位食堂中的厨神，大黑天从此被视为一种十分亲民的福神。

有人认为，艺能之神摩多罗神也是由大黑天变化的。镰仓时代，慈觉大师从大唐回日本，在海上忽然听见空中传来声音，那声音自称摩多罗神，是一位障碍神，如果不信奉他，就无法往生极乐净土。作为来历不明的神明，摩多罗神的形象与大黑天有些近似。

在日本，大黑天摆脱了原本怒目圆睁的战神湿婆形态，变成了一位慈眉善目、身材丰满的神明，他头上戴着黑色头巾，背着米袋子，手里拿着小木槌子，还踩着两袋大米，带着一只小耗子。传说耗子是大黑天的御史，能够预知灾祸吉凶，它与大黑天一起，使用神明战术祛除五种恶神邪气，帮助人们开运招福。

四、毗沙门天

毗沙门天是佛教中的财神护法。“毗沙门”是梵语，意为“多闻”，也就是说他的福德之名广布四海，因此又被称为北方多闻天，是著名的财宝天王。这个神在中国有另一个化身：身披铠甲，头戴高冠，一手拿宝棒，一手托宝塔。他生了个儿子名叫哪吒，而他就是传说中鼎鼎大名的托塔李天王李靖。

毗沙门天的形象于唐代传到日本，成为日本佛教中一位重要的神明。平安时代，菅原道真曾向毗沙门天祈求，因此毗沙门天又被后世尊为智慧天神，代表

日本的毗沙门天

在七福神中，毗沙门天是智慧与财富之神，他代表通过智慧勇气积极进取，换取财富。同时，他的战神属性，也能为人们降妖伏魔，守住福气。

着无穷无尽的聪慧与智识。

日本战国时期，大名间征伐不断，曾为战神的毗沙门天在那一时期积累了广泛的信众。由于他又名北方多闻天，是北陆的守护天神，因此得到了领土在日本北部的上杉谦信的信仰，在上杉军的大旗上有一个“昆”字。上杉谦信也因为能征善战，如同北方天神，被时人誉为“军神”。此后毗沙门天在日本的地位得以巩固，成为能镇护国土、击退邪魔的神将。

毗沙门天的妻子吉祥天（也有说是妹妹），也曾被列为七福神之一，如今在日本的一些地区，依旧有人信奉吉祥天。吉祥天也是护法天神，因为有大功德，又名功德天。她相貌秀美，随着多闻天征战四方，是一位女战神。她翱翔于天地之间，被称为“三界总主”，能给人带来财富、智慧与幸福。她又是一位爱情女神，能为女人带来美貌与恋情。

五、弁财天

弁财天是七福神中唯一的女神，她是婆罗门教中梵天的女儿，也是梵天的妻子。湿婆神，也就是大黑天，看不惯梵天这种乱伦的做法，曾将梵天的第五个头砍下来。弁财天十分美貌，骑着孔雀，头戴八莲冠，有四只手臂，一手持经书，一手执莲花，一手抱琵琶，一手弹琵琶。

弁财天是“水源充足”的意思，所以，她是位与水有着不解之缘的女神，甚至被当成河神。在高天原神话中就有很多河神，日本人也倾向于接受外来文化中与日本文化相似的部分，因此这位女河神备受日本人欢迎。

俗话说仁者乐山，智者乐水，亲近水的弁财天是文学和科学的保护神，她代表着才能和智慧。此外“山主人丁水主财”，弁财天因为亲水的特性，也被赋予了财富之气。

在印度，弁财天也是诗之女神，她掌管着语言，具有强大的舌辩能力，因此，她在日本也被奉为戏剧之神，是日本歌舞伎剧、能剧、落语及其他各剧种的行业神。戏剧能给人们带来轻松与欢乐，作为戏剧之神的弁财天，也能为人们带来福气。戏剧从业者们供奉弁财天，希望能获得灵感，增长智慧与福德，并获得财富，增福添寿。

弁财天的形象在日本也与本源不同：四只手变成了八只手，分别握着弓、刀、斧、卷、索、箭、戟、杵、轮，怀里还抱着琵琶，八种武器代表着各行各业的百家技艺，所以，弁财天也是日本的工匠之神与艺术女神。

六、福禄寿与寿老人

福禄寿与寿老人分别代表福气与长寿。它们原本是道教中的神仙，是传说中的天官，在中国民间很受欢迎，得到了普遍的供奉。传至日本后平安时代，福禄寿与寿老人与中国的南极仙翁形象相同。室町时代，原本是同一位神仙的福禄寿和寿老人，分离成了两位神仙。

在日本，这两位老神仙都慈眉善目，福禄寿长着很长的脑袋，有着连髯美须，手里拿着拐杖，身边跟随一只白鹤能为人们带来幸福、厚禄与长寿。寿老人长得很瘦，长胡须，手拿宝杖，有梅花鹿相伴，寓意长生不老。

寿老人在日本民俗中是一位善神，人气很高，传说它是主管阳寿的神明，经常会跑到民间微服私访，借宿在旅途中的某户人家中。如果这家主人善待寿老人，寿老人就会让这家人的阳寿增长很多，而如果这家还有年过 90 的老人，寿老人就会邀请他登上七宝弁天风神福船，去高天原游玩，回来后就能返老还童，并保留此人的记忆与才华，让他在此基础上重获新生。

七、布袋和尚

日本的布袋和尚与中国的布袋和尚同出弥勒佛一系。弥勒佛是未来佛，他背着个布袋到处行走，用这种行为艺术向人们言传身教。“布袋”很大，里面装的是人世间一切欲望、负担、忧愁、爱憎。对着沉甸甸的包袱，一般人都会不堪重负，布袋和尚却能背得起放得下，腆着能容天下的肚子笑口常开。

传说布袋和尚有着谜一样的身世。在唐代奉化的龙溪有人捡了一个婴儿，这孩子躺在溪流中的一捆柴草上却没有被湍急的溪水冲没。这人将孩子救起后，看到孩子长得圆润丰满，笑眉笑眼，十分喜气让人喜欢，便将他带回了家。后来

福禄寿

福禄寿带着鹿，为人们带来福气。

寿老人

寿老人带着仙鹤，象征长寿延年。

小婴儿长大成人到岳林寺出了家。他经常背着一个布袋子云游四方，传播佛法，人们都称他为布袋和尚。也有人说，布袋和尚是五代后梁时期的僧人……不论是哪个朝代的，最终，布袋和尚和他的传说传入了日本。

在日本，布袋和尚几乎家喻户晓，他代表着豁达与乐观的精神，用热烈、真心的大笑来征服一切烦恼、苦难与负累，他的笑坦诚却又深不可测，包含着各种意味，让世间人自行体悟。在七福神中，布袋和尚是洪福吉祥之神，他肥胖的身体为世人背来满满一布袋的福气。在七福神中，他排名在最后，也正因如此，他预示着未来的幸福与美满既是收尾，也是新的开始。

第十四章
土　神

一、阿伊努族的神

阿伊努又名爱奴，正是日本古时的“虾夷”。阿伊努人居住在日本的北海道地区，毛发长如虾须，故此被称作虾夷。阿伊努是日本北方的少数民族，在阿伊努语中，阿伊努是“人”的意思，阿伊努更喜欢别人称他们“乌塔里”，也就是“伙伴”。

古时候的阿伊努人以渔猎为生，到了近现代一部分转为农耕，习俗信仰上却与农耕的大和族人不同。他们同样信仰万物有灵，神明也很多，只是形态不同。阿伊努的神被称为“神威”，也称为“精灵”，囊括动物、植物、日月星辰、风雨雪、瘟疫，还包括家宅神和器物神，甚至还有一些因稀奇古怪的念头而形成的神明。阿伊努人观念中的神明，不比日本的八百万神少。

传说阿伊努族的神与人住在不同的世界。世界最初是一片茫茫大海，没有草原和森林，只有大雪山欧普塔贴希凯山耸立云间，神明高坦卡拉卡姆伊与妹妹降临在大雪山顶，他们收拢天上飘浮的云朵，用乌云制造岩石，用黄云制造土地，形成山川岛屿、苍茫大地。这就是传说中的爱奴莫希，也就是人类所居的土地。

阿伊努人的世界分为三层：诸神居于天上界，人类居于地上界，死者居于地下界。神的世界分为六层：最上界的天神是日神，也称雷神；生活在地上的阿伊努人居住在山中；空中的飞鸟往返于地上界与天上界之间；逆戟鲸是海神；地下界居住着数不清的魔物，又称地狱，有深重罪孽的人死后也会进入地狱。

巨人神高坦卡拉卡姆依创造世界之时，诞生了天神辽杨神与春榆女神。辽杨神在向人类传授火种时失败，诞生了恶神。在火中，春榆女神的美丽使雷龙神着迷，他们结合后，产生了狂热的火焰，诞生了阿伊努族的文化神阿伊努拉克尔。

拉克尔是阿伊努族神话中的始祖，他娶了女神白鸟姬礼多千利为妻。拉克尔教人们识别有用之物，将杵臼、刀鞘、木铲和织布机的制作方法教给男人，又将服装的制作方法教给女人，让人类能够更好地生活。

拉克尔生活在一个群魔乱舞的时代，地上界中有巨大的雨鳟和水獭，还有怪兽莫西列奇克奇克、克塔涅奇克奇克以及盘旋在天空中的飞龙，它们不仅袭击人类，带来灾祸，还绑架太阳神让三界陷入沉沉黑暗。拉克尔诛杀了危害人类和世界的妖魔之物，所以他也是和平之神。

平定妖魔之后，拉克尔将巨大的雨鳟剁成碎块，这些碎块变成了鸟类与飞虫。他将沼泽中的鱼撒向大地、森林与海洋，从此河中充满鲑鱼和鳟鱼，海中都是海兽和鱼类，陆地上有很多鹿。阿伊努族的人们依靠这些食物变得更加强壮，不断繁衍。

阿伊努族供奉着很多神明，不仅有始祖神，也有一些动物神。他们会进行鲑祭和熊祭。熊祭又名伊奥曼贴，意为“送熊”。在阿伊努人的观念中，熊既是猎物，也可以饲养。他们将幼熊养大，吃其肉并进行祭祀，祭祀的目的是将熊的灵魂送归山林，回到熊神身旁。

阿伊努族也有蛇神，全身呈淡淡的黑色，十分粗壮。蛇神的嘴是红色的，鼻子尖利，能够轻易切开巨木，背后生长着双翼，形象近似《山海经》中的腾蛇。蛇神栖息于沼泽之中，身体有恶臭，这臭味有剧毒能让草木枯萎，人要是接近它，轻则头发掉光、身上肿胀，重则浑身溃烂而死。不过，洞爷湖的蛇神却是人类的守护神，曾经用恶臭帮助人们驱逐瘟神，得到人们的信仰。人们对蛇神进行祭拜，

阿伊努人

以渔猎为生的阿伊努人，靠天吃饭，更加崇尚自然的力量，熊、蛇、鱼、飞鸟、飞虫，所有生灵都自有其神性，守护着阿伊努人，得到他们的祭祀与供奉。

以祈求健康与平安。

二、注连绳

很多日本的神社中都能看到巨大的稻草编制的绳子，横亘在门前。此物名为注连绳，是用稻草编制的双股草绳，寓意是“分界线”。

注连绳源于神道教的高天原神话。天照大神被迫躲在天之岩户的时候，众神将她骗出门，布刀玉命立刻在天之岩户门前拦了一条稻草绳，这就是最初的注连绳。注连绳的风俗起于日本本土，不过“注连”二字来源于中国。《颜氏家训》中有“户外列灰，祓送家鬼，章断注连”，用注连划定阴阳区域，人鬼殊途，各归其所，以这种方式驱邪避鬼，保护家宅安宁。

注连绳的作用，通俗的说法就是画出结界，用稻草绳将神圣的场所与其他区域分开。除了神社，在祭神时，或者在家庭中的神龛区域，人们都会使用注连绳，分隔圣地与世俗。早期的神社注连绳甚至会将整个社围起来，以示“闲杂人等不得入内”。注连绳的编法十分丰富，一般注连绳由四部分组成，分别为双股的稻草麻绳、橙子、里白和垂纸。

注连绳的主体由干燥的稻梗编制。由于日本的农耕民族属性，稻子具有神性，象征着民以食为天的朴素信仰。日本人认为米中寄宿着祖先的神灵，这灵力能驱走邪恶的东西，因此，能带来稻米丰收的神明被称为田之神。日本人出生时有产立饭，死后也会被供奉米饭，生病时，也有将米装入竹筒“摇米”的风俗，意在增加生命活力，战胜病魔。

因此，日本人认为稻草具有非同凡响的灵力，注连绳往往被绑在神社、家中，或是办公场所和仓库、鸟居上、山寺前的刻石上。甚至有些高段位的相扑手会佩戴注连绳，让邪魔歪道无法靠近，以保平安。

橙子在日语中的谐音是“代代”。橙子即使成熟了也不会从树上落下来，所以，注连绳中的橙子也有家族代代相传，永远兴盛不没落之意。里白是一种蕨类植物，有点像中国南方山区潮湿的地方生长的蜈蚣草。它的茎内部是白色的，寓意表里清白，内心清净。白色代表白发，家中有白发苍苍的老人坐镇，自然容易长久地

出云大社的注连绳

日本最著名的注连绳是出云大社门前，尤其是神乐殿的注连绳，有 8 米粗，4.4 吨重。

繁盛。垂纸是折出褶皱的和纸，表现稻穗成熟时下垂的状态，象征稻谷的力量，既寓意丰收，也能够辟邪。

也有另一种说法，认为橙子、里白和垂纸代表三大神器，圆圆的橙子代表八咫镜，里白代表草薙剑，一串串的垂纸代表八尺琼勾玉串。如此一来，注连绳的寓意就与神道教中的高天原神明联系起来了。

日本人一般会在12月28日前将注连绳挂起来，正月里要一直悬挂，直到神明回归，也就是1月7日时才会取下。家中的注连绳，一般用来迎接年神，如同中国过年贴春联和年画一样，也有祈福的意味。摘下的注连绳不能随便丢弃，必须送到神社焚化。

三、叠石头的神仙

在日本很多不起眼的地方，比如小溪旁、路口处、山脚下，常会发现一堆堆人为搭起的小石头。这些小石头或者几个竖着摞在一起，或者是一小堆一小堆，堆成奇形怪状的样子，颇有艺术感。这些石头并非小孩子闹着玩乱堆而成，而是一种对石头的信仰。

世界各地都有对石头的信仰：在埃及有巨石搭成的金字塔，在南美有复活节岛的巨石头像。而将石头堆在一起视之为神明化身的，不只日本独有——在西藏有玛尼堆，在蒙古有敖包。

日本的石神信仰起源很早，神道教神话中，伊邪那岐在黄泉比良坂逃命的时候就曾立起一块千引石。这石头是一块具有神性的界碑石，镇守着黄泉界的大门，隔绝阴阳，有点类似于中国的泰山石敢当。

日本的道祖神也是一种古老的石神信仰。日本人认为，在村落、山道或十字路口容易有恶灵栖息，所以要立一块大石头，上面雕刻人物、文字及一些奇怪的器物，代表这些具有分界性质的地方所汇聚的神明，它可以镇守境界，阻挡邪魔入侵。而黄泉比良坂的千引石是这诸多道祖神的鼻祖，阻挡黄泉国的秽气与灾难涌入世间。

日本神话中有很多有关石神信仰的典故，比如玉藻前所化的杀生石，百鬼夜行中的夜啼石，以及神功皇后在征伐朝鲜的时候捆住腹部的石头，诸如此类，不胜枚举。在日本神道教中，神仙降临凡间时会以一块大石作为神座，神仙会降临在大石上，而大石也因此有了神性。

佛教进入日本后，神佛习合，佛教中的很多因素与日本本土信仰结合，石神在神性之外有了更多的禅意。石头坚硬耐腐蚀，被制成石佛、石塔和石经，成了佛教中常用的器物，比如弘法大师曾经在大石上睡觉，就有了弘法石；僧人过午不食，晚上饿了就会揣一块温热的圆石，以减缓饥饿带来的胃痉挛，从而有了怀石料理。

在禅意十足的日式庭院，石神信仰与园林设计融二为一，形成了小巧精致却又深邃空玄的境界。石在此意味着高山峻岭，也象征着各路神佛。比如，佛盆石代表佛祖正在讲经说法，达摩石代表达摩面壁，桥石代表接引桥，是此世去往彼岸的必经之路。

在日本民间的各个地区，对于叠石头的信仰有不同的说法，有用以辟邪的石头，也有用于祈愿的石头。这些不知何人、何时、因何而立起的石头带着各种各样的精神力存在于世间，寄托着人们的信仰与期待。

日本也有一些地区的叠石文化，代表着父母对儿童的守护。传说河岸边是阳间与阴间的交汇处，很多先于父母去世的小孩子，由于让父母难过，便背负了不孝之罪。他们会在河边堆石头，但要堆成时，就会有鬼将石头推倒。因此，孩子便会永世轮回地重复着痛苦的工作。很多为人父母者，就会在岸边堆起石头，帮那些早夭的孩子完成心愿，从而达到为自己子女祈福的目的。

四、鸟居

日本的鸟居多立于神社之前，形状为两根柱子，上加横梁。它的起源与注连绳差不多，在天照大神躲在天之岩户之时，思金神想出计策，在天之岩户门外架起高高的支架，上面放一只公鸡，带领高天原的所有雄鸡鸣叫，将天照大神引出来。这个支架因为其上有鸡，其形为门，因此被称为鸟居。鸟居上一般也会有注连绳，用以划分神域与人世的界限。比起注连绳，鸟居更为醒目，也有更强烈的警示意味：入此门即入神之领域，言行举止皆应谨慎，不得冒犯神明。

也有人认为鸟是人的灵魂所化，有干净的，也有不洁的。为了阻挡鸟类飞入神域，冲撞神明，所以在神社前的一段距离外建起鸟居。鸟落在巨大高耸的鸟居上就不会再飞入神社，带来不洁之物。

民间也有传说，鸟居可以用来投石许愿，但这样容易破坏鸟居的外观，再说很多古老的鸟居随神社一起被列入世界遗产名录，向它投石也是违法的。

用鸟居来祈福，最常见的办法就是捐款供奉鸟居。在日本商业神明的祈祷圣地伏见稻荷大社有闻名遐迩的千本鸟居，位列日本三景之一。此地从山脚到山顶，橘红色的鸟居连绵不断，密密麻麻，如同红色隧道，让人印象深刻。千本鸟居的供奉分为大型鸟居和迷你鸟居，大型鸟居虽然价值不菲，但供奉者却络绎不绝。商人们通过捐赠鸟居表达对神明的敬意，希望以此为自己带来好运，生意兴隆，家宅安宁。

鸟居的材质有金属的，有石头的，也有木头的。日本人认为，即使是塑料做的鸟居也无伤大雅，心诚则灵。鸟居的颜色通常是朱红色，或者橙红色，红色是一种警示色，具有强烈的辟邪意味，守护力量强大。日本还有一些其他颜色的鸟居，如原木色和原石色白色的，这种鸟居通常专属神道教，比如出云大社的鸟居就是白色的。此外，长野县贫乏神社的鸟居是黄色的，代表着积极努力；京都御金神社因为主旺财运，神社的鸟居是金灿灿的，十分招摇。

还有一些特殊的鸟居，如广岛县的严岛，因为整个岛被视为一位神明，鸟居不能建在神明身上，只能建在岛外的海水中，退潮时，人可以站在鸟居旁边，涨潮时，严岛鸟居凌驾水上，充满神秘意味。爱知县伏山市的桃太郎神社鸟居也别具一格，是一座粉色的桃形鸟居，鸟居中间有白犬雕像，两边分立猴子与绿雉鸡。京都锦天满宫的鸟居，十分神奇地插入两侧的民居之中。这是因为鸟居作为遗迹不能拆除，周围住宅却又发展过快而出现的。青森县的稻荷神社也有千本鸟居，这里的千本鸟居错落有致，布局非常有节奏感，与花红柳绿、小桥流水的园林相呼应，美不胜收，十分俏丽。

出云大社鸟居

五、神宫、神社与神龛

日本号称有八百万神并不是虚张声势。在日本全境有将近100个神社，每个神社都供奉着若干神明。

日本有三大神宫，分别为三重县的伊势神宫、爱知县的热田神宫和东京都的明治神宫，神宫就是规模更大的神社，相对神社来说，其数量虽少，地位却更高。神宫供奉的是日本皇室的祖先神、天皇，以及其他神明。而历史名人，即算如丰臣秀吉、德川家康等称霸一世或基业长青的乱世枭雄，也不能进入神宫，只能供奉在神社中。

伊势神宫相当于日本皇室的宗庙，地位极高，天照大神是伊势神宫祭祀的主神。神宫中供奉着八咫镜，只能由历代天皇亲自参拜，外人不能入内参观。伊势神宫体现了日本人对太阳的崇拜，日本人认为，作为太阳神的天照大神，不仅向人间传授农耕纺织技术，还用阳光普照为万物带来生机，所以连国名都称为“日本”。

伊势神宫远离首都。关于它的选址，传说是垂仁天皇的女儿倭姬命公主在为天照大神选择人间的住所时，看中了依山傍水、四季温暖的伊势山。在日本人心中，伊势山和伊势神宫是有生之年必去的圣地。

热田神宫无论从规模、名气和地位上，都是仅次于伊势神宫的第二大神宫，供奉的主神是热田大神。传说日本武尊曾经在热田化作天鹅飞走，留下草雉剑，因此热田大神就是日本武尊倭建命，但这一说法始终没有相关的印证。热田神宫内供奉着三大神器之一的草雉剑。真正的草雉剑早在坛之浦海战中就被丢到了海里，因此，热田神宫的草雉剑是一个高仿的复制品。

明治神宫的祭主是明治天皇和他的皇后——聪明到成精以至于被称为“天狗娘”的昭宪皇太后一条美子。明治神宫，相对于另外两个神社来说更加开明亲民，因此，处于三大神社第三位的明治神宫，每年参拜的人反而最多。来参拜的人怀着各种各样心愿，因此，明治神宫成为百姓举行婚礼、毕业典礼、成人礼等仪式的圣地。

伊势神宫

伊势神宫是日本神道教最古老最神圣的道场，有一个正宫和七个别宫，正宫祭祀的主神是天照大神，别宫中祭祀着月读命、伊邪纳岐、伊邪那美和其他高天原神明。

日本的神社通常达不到神宫的规模与影响力，不过不论多小的神社都体现着独特的信仰与文化。日本最大的神社是出云大社，此外诹访大社和伏见稻荷大社规模也不小。

无论是神宫还是神社，在规制上都大同小异。一般神社周围会有一片茂密的森林，空幽宁静。这片森林又被称为“镇守之森”，是人世与神界的分界线，除了神明和参拜者，闲杂人等不能进入。到了这里，人们就要怀揣虔诚的参拜之心。

神社的入口处是鸟居，挂着辟邪的注连绳。进入鸟居前，虔诚的参拜者们先要整理衣衫，鞠个躬，然后安静地进入鸟居。不能有污言秽语，不能说有辱神明的话，做亵渎神明的事，甚至内心不能产生一丝邪念。净心、谨言、慎行后，参拜者登上长长的参道，也就是上山的石阶。在日本人心目中，这既是人的通道，也是神明的御道，参拜者必须走在参道两边，正中间留给神明通过，以免冲撞神明。在参道两旁，挂着很多参拜者供奉的灯笼，立着守护参道的狛犬，以守护参拜的行路者，为他们提供照明和庇护。

参道尽头的旁边有“手水舍”，是给参拜者净身的地方。参拜礼仪中讲究斋戒沐浴，不过现代参拜的人很多，无法像古人那样跑到大瀑布下泡七天寒潭浴，只能在手水舍里洗手漱口。

手水舍的亭子里通常有一个盛水的石盘，石盘上有很多勺子。进手水舍时要低着头，拿起勺子舀多半勺水，先洗左手，后洗右手，然后将水倒在掌心，送入口中漱口，再将漱口水轻轻吐在地上。剩下最后一点水，将勺柄朝下立起来，清洗勺子，最后将勺子放回原位。进行净身亦如一场仪式，全程只用这半勺水，所以要十分留心，洒了就没办法再用了。还要全心全意不能左顾右盼，净手的同时，连心也一并净化才好。

净手后人们就可以去拜殿了。拜殿通常与神殿连在一起，不过有的神社没有神殿，只有拜殿，有的神社却连拜殿也没有，只能在神殿门外进行参拜。为人们所熟知的还有币殿。参拜币殿也要按照仪式步骤进行，先行礼，然后摇响铃铛，再投币到塞钱箱，这是初始步骤。然后进行正式参拜，先鞠躬两次，再在胸前击掌两次，默默祈祷，深鞠一躬，完成参拜。参拜是为了感谢神明的照拂与庇佑，同时向神明再次祈祷，与中国的还愿许愿有同样的目的。

除了神宫神社，日本人最广泛也最日常的供奉就是各种各样的神龛。这些神龛分为两种，另一种供奉在家中，虽说供奉在公共场所，却有很多是在不起眼的地方，比如在郊区的小路边、商店街旁，甚至是自动贩售机旁边。所供奉的神明包括十方三世一切诸神，有中规中矩的民间神明，也有精灵、各式地藏、器物神，甚至人体器官，简直随心所欲，有多少想象力，就有多少神明。材质有石有木，个头都不大，式样也各有特色。这些神龛承载着供奉者小小的心愿，或是祈求平安，或是祈求生意兴隆，成为日本街头巷尾的一道风景。

家中供奉的神龛，通常也有普通神明和祖先神明的区别。日本人相信家人死后会保佑自己，便连骨灰坛一并供奉在家中。家中的神龛麻雀虽小，五脏俱全，神龛中央会放一个神社形状的神殿，然后将神符（或牌位）供奉中央。神龛上挂着注连绳，旁边放着长明灯与插了杨桐的瓷瓶。神龛前会放置米、盐、水、酒作为供品，很多普通的家庭通常一碗生米就能满足神明了。

神龛本质上就是一个小小的神社，不管神明在多大的地方居住，始终是神明，所以参拜仪式也一模一样，先洗手漱口，拜两下，拍两下手，再拜一次。日本人相信，这种日常的参拜，能通过神龛向神明传达自己的谢意以及愿望，祈祷的内容也是五花八门，只要有愿望，就可以随时按照仪式，向神龛参拜，神明自会听到祈祷，给予庇佑和帮助。

第十五章

光怪陆离的自然神话

一、樱

“时运不济归隐遁，何时花发返春都？”这是《源氏物语》中，主人公源氏在心灰意冷准备出家之时写的诗，他将这首诗系在一枝几乎凋零的樱花上，让人带给在遥远京都的恋人。日本的诗歌或和歌中没有特指的话，几乎所有的“花”指的都是樱花。如果日本人说去赏花，基本就是赏樱花。

在日本，樱花是国花，日本人对它既崇拜又喜爱。赏樱是日本人春季最热衷的活动。樱花不仅是可供赏玩的美景，更带有一种神性。日本的浅间大社，供奉着浅间大神木花开耶姬，就是那个嫁给了天孙迩迩艺命，最后在火中生下三个孩子的美丽女子。木花开耶姬生下三个孩子后不久就去世了，如同绽放后转瞬间凋零飘落的花。这位可怜的女神成了樱花女神，樱花树也成为浅间大社的神木。

传说樱花女神每年从冲绳出发，经过九州、关西和关东，在第二年的仲春时节到达北海道，将片片樱花撒遍她所经过的每一寸国土。日本人每年春天赏樱，就是对樱花女神表示感谢。樱花的纯洁、雅致、美丽、高尚，使日本人如醉如痴。

樱花是日本人心中最美丽的花。樱花的花语是生命，日本人对生命的诠释

樱花富士山

白雪皑皑的富士山，如倒置的扇面，樱花盛开时，如图画般在白扇上绽放，在湛蓝的天空下分外美丽，被称为“青空一朵玉芙蓉”。

不同于其他的国家民族。他们认为，生命是短暂易逝的，要追求那种瞬间绽放极致美丽，却又转眼凋零落败的物哀之美。在歌舞伎剧中，被折断的樱花代表美丽的女主角即将殉情殒命。

樱花也代表日本的武士道精神。高洁的樱花代表着高尚的灵魂终会返回神国。短暂的人生只是生命长河的一瞬间，武士们追求的是樱花般绝美的瞬间。然而日本民间也有这样美丽而恐怖的传说：从前的樱花只有白色的，英勇的武士们在高洁美丽的樱花树下剖腹自尽，他们达成了自己的信仰，也成就了心愿，在荣耀中死亡，樱花树下血流成河，染红了樱花的花瓣。所以，樱花越红，树下的武士亡魂便越多。

二、竹

竹子是奇特的植物，它中空笔直，自带一股清静幽雅的正气。在秉持“万物有灵”信念的日本，竹子让人产生很多联想：这种中空的植物里，是不是天然装着一些能够带来幸福的东西呢？《竹取物语》中，老翁伐竹，从竹子中出现一个漂亮女孩，又在竹子中发现黄金，老翁也由此变成富翁。

日本弥生时代，竹子就已经被视同神物，而竹篮和竹簸箕也被视为有魔力的东西，成为巫术的专用道具。在纪记神话中，天宇受卖命为了将躲在天之岩户的天照大神引出来，曾经穿着从天之香具山取来的笹叶围成的衣裙，跳起狂热的舞蹈。所谓的笹叶就是矮小的细叶竹的叶子，笹叶是祭祀时专用的小竹叶。

至今，日本仍然流传着用竹子祭祀的习俗，在每年的新年，京都的八幡神社就会进行“小正月”祭祀仪式，在神社里焚烧门松。“门松”原本是平安时代从中国传入日本的，包括松竹梅三样，到了日本，就只用竹子。这一天，人们用带叶子的青竹竿制成御神木，在神社中央十字形地上支起来。整个仪式中，人们围绕着御神木燃起火焰，排着队，依次到御神木旁将手中的新年饰物抛入火中燃烧，以此来迎神和祭神。

在祭神的仪式中，还有一种名为“太箸”的筷子，虽然是筷子，可两头尖尖中间鼓起。这种筷子两头都可以用，不过，一头是人用的，另一头是神用的，

神社中手水舍的竹勺子

使用这种筷子相当于与神交流，人在使用筷子的时候，神灵就依附在上面了。

竹子干净清雅，在日本也被认为具有荡涤邪秽的神圣作用。在神社的手水舍里，会有竹子做的勺子用以净手漱口。竹子被视作与神有关的植物，自然也是神社所用器具的首选。

竹子的除邪作用不仅体现在神社中，日本人在盖房子前会在工地的死角放置青竹，用绳子拴住竹子，再向神明祈祷，驱邪除秽，保佑房子顺利建成，保佑建好后的房子家宅安宁，这种仪式叫“忌竹”。日本古时的丧葬仪式里，也用青竹围住棺椁，人们认为，青竹的神性能荡涤污秽与邪气，引导亡灵趋向净土之地。

三、鱼

日本的国土如同漂浮在大洋中的一艘船，这个海岛国家的生存离不开大海，海洋就是他们最大的粮食仓库。不仅海里有鱼，山中也有鱼。日本多山地，落差造成日本山川河流遍布本土，淡水河流中有很多鱼类供人们食用。日本人几乎每顿饭都离不开鱼，鱼的形象也深入到日本生活的各个层面。

日本人喜欢钓鱼，渔民钓鱼为了生活，普通人钓鱼为了快活，传说中的浦岛太郎，也是靠钓鱼钓到了美好生活。日本人不仅名字里有鱼，地名也有，比如糸鱼川市。此外，鱼也被装饰在各种各样的布料、建筑和器具上，点缀出粗朴的海洋风。在很多祭祀中，鱼也经常出现，比如相扑比赛，获胜取得横纲宝座之时，相扑手除了得奖杯，还会获得一条大鲷鱼。

鱼在日本有着丰富的神话色彩，比如在 5 月 5 日，家家户户都会在门外挂起色彩艳丽的鲤鱼旗。这是日本文化受中华文化影响而产生的风俗，所借用的是《后汉书》中鱼跃龙门瀑布变成龙的典故。鲤鱼旗中，黑鱼旗代表父亲，红鱼旗代表母亲，蓝色旗的小鱼代表孩子。日本人希望家中的男孩也像小鲤鱼一样，奋力拼搏，有朝一日跃上龙门，出人头地，成为有为之人。

鱼类成精化作人形的故事在杉浦日向子的《百物语》中也有很多，比如曾经有一个疏通护城河的工程队，工头在夜间接待了一位客人，客人请求他在第二

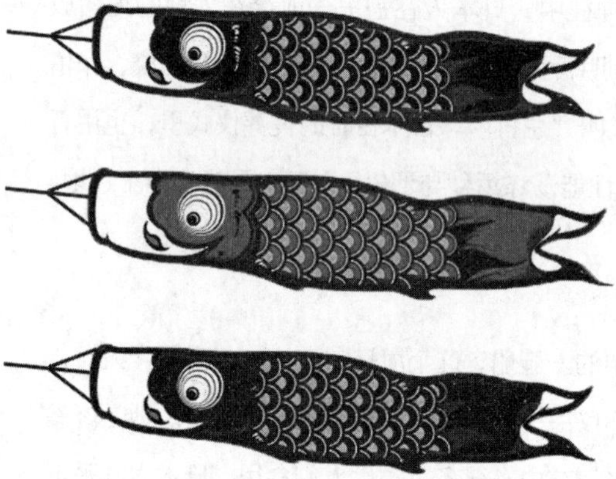

鲤鱼旗

飘扬的鲤鱼旗，代表着一家人其乐融融，也是希望的象征：孩子将在父母的呵护教导下长大成才，终有一天鱼跃龙门。

天疏通虎之门护城河的时候，如果捉住四尺长的大鳗鱼，要放它一条生路。工头知道，这种大鳗鱼通常是护城河的主人，也就是河神，所以满口答应，并请客人吃了小米饭。第二天，果然出现了大鳗鱼，可惜捕捞的工人们不知道，工头赶到时，大鳗鱼已经死去了。人们剖开大鳗鱼的肚子，里面有还没消化的小米饭，从此，这位工头再也不吃鳗鱼了。

日本的鱼传说中，也不忘提及全世界都关注的特殊鱼类：人鱼。在日本，美人鱼的传说十分幽玄可怖，人鱼不是用来观赏并与之恋爱的，而是用来吃的。梦枕貘的小说《阴阳师》中，有一个食用了人鱼肉而长生不老的比丘尼，体内孕育着妖魔，每隔 30 年就要找阴阳师进行除魔。

传说在若狭的小滨有一名叫高桥的渔夫，他带来了人鱼肉。烹饪后，高桥用它款待小滨的村民，闻起来味道十分鲜美，但村民没有人敢吃。只有一个村民偷偷地藏了一块在袖子里带回家中，原本只是当成稀奇东西收藏的，结果被女儿误食了。出于对未知事物的恐惧，所有人都认为这个女孩会为他们带来灾祸，便将她赶出了村子。没想到，误食了人鱼肉的女孩从此青春永驻，长生不老。

女孩离开家乡，周游世界，这样度过了 800 年，她感慨于世态炎凉，厌倦了永恒的生命，最后还是回到家乡若狭，遁入空门，广施恩惠，终于消失无踪。有人说她已然成佛，也有人说她进入濑山的洞穴中修行后，辟谷绝命。她活了 800 多岁，被日本人称为“八百比丘尼”，小滨的青井神社至今还供奉着八百比丘尼的神像。

日本传说中，特别是百物语类的故事里，八百比丘也经常出现。比如有一则故事：一个人喝了酒之后，路过一眼泉水，看到水中一个尼姑在沐浴。那尼姑用刀剖开肚子，用泉水清洗肠子，传出阵阵臭味。后来人们分析，这就是八百比丘尼，虽然人鱼肉令她长生不老，但需时常清洗肠道。

日本的人鱼据说肉味鲜美，能令人长寿，长相却极其丑陋。日本经常有活捉人鱼的记载，《绘本小夜时雨》中记载，大阪渔夫钓到过人鱼，上半身长得和人一样，下半身是鱼，还会像小婴儿一样啼哭。

如今的大阪浪速瑞龙寺还收藏了一条人鱼标本。大阪富商万代藤兵卫从渔

日本人鱼

日本的人鱼意味着灾难，会被人抓住吃肉，以达到长生不老的效果。

民手里购得一条人鱼，到手时还是活的，但饲养方法不当，人鱼被他养死了，他就将人鱼做成标本赠给了瑞龙寺。万代藤兵卫同时也捐赠了龙和河童的标本。和歌山县桥本市的苏萱堂也供奉着一枚人鱼标本，与瑞龙寺的人鱼相同的是，两个人鱼都长得奇丑无比。

静冈天照教总社封存着日本最古老的人鱼，这人鱼被制成木乃伊，有着离奇的身世传说：

据说在1400多年前，隐居在琵琶湖石山寺的圣德太子在河边温习佛戒经文，这时一条人鱼跃出水面来到岸边，大声向太子自陈身世——他本是水边渔夫，因杀生变成了丑陋的人鱼，听到太子念诵经文受到感化，向太子许愿，死后愿以自身为戒，告诫杀生的人。人鱼说完就气绝身亡。圣德太子将人鱼带到了石山寺，制成木乃伊封存起来。相传，梦到这个人鱼三次，就会结善缘而长命百岁，在这里，人鱼又成了吉祥物。

四、各种鸟

在日本，飞鸟象征人的灵魂；日本山林茂密，有无数种鸟类，各色飞鸟也为人们带来了无穷联想。

乌鸦在中国大部分地区被视为不吉利，而在西方，乌鸦是吉祥之鸟。在日本，乌鸦有着至高无上的神性，是日本的国鸟之一。日本的很多神话传说中都有乌鸦的影子。

神武天皇东征时，一路激战来到和歌山的熊野，在山林中迷失了方向。这时，天照大神派出八咫乌，为神武天皇引导方向，让他摆脱迷阵，突出重围。八咫乌原名贺茂建角身命也，又称日之精八咫乌，是一只三只脚的乌鸦，它的脖颈上挂着八尺琼勾玉，拥有着突破迷雾、看清真相的本领。贺茂建角身命是山城贺茂氏的祖先，是下鸭神社的主祭神。这只三脚乌鸦，后来成为日本的“立国神兽”，日本国内有3000多个熊野神社拜祭乌鸦，以祈祷吉祥。此后，三足八咫乌也作为日本足协的徽记被绣在日本国足的球衣上。

在日本的熊野本宫大社，三足乌的三足代表其主祭神加津美御子的三种美德“仁、智、勇”。也有人认为，三足乌代表熊野的三股家族势力，藤白铃木氏、宇井氏和榎本氏，铃木氏的家徽正是三足乌。

绿雉也是日本的国鸟，只不过当选时间离现代较近。绿雉最早出现在人们所熟悉的桃太郎神话中，桃太郎的三个小伙伴原本都不简单：小狗是犬神，绿雉鸡是神鸟，小猴是猴神。所谓一人得道，鸡犬升天，桃太郎被人们崇敬信仰，绿雉鸡也成了神，被供奉在桃太郎神社中，是日本民间普遍认可的神鸟。不仅如此，绿雉也是唯一被印在日元上的鸟类，可见日本人对绿雉的喜爱。

绿雉被日本人评为国鸟也是经过综合考虑的。首先，绿雉是日本土生土长的鸟，而且不是候鸟，它常驻本地，因此也被当成一种守护神。日本人喜欢绿雉，还因为这种鸟是狩猎时最常见的鸟，羽毛漂亮，味道鲜美，口感滑嫩。这就有违评选国鸟的初衷了，原本日本提倡各国选择国鸟是为了保护鸟类，而把“好吃”作为评选国鸟的理由，非常“无厘头”。

朱鹮也是日本的国鸟之一，它是日本皇室的圣鸟，长相带着十足的贵族气质，羽毛洁白，腿脚修长，艳红色的头，黑长的嘴，走起路来从容优雅，飞在空中婀娜缥缈，被称为“东方宝石”。在日本神话体系中，朱鹮是代表日本的神鸟。正因如此，在拉丁语中，朱鹮译为“日本的日本”，非常具有本土气息。在日本，朱鹮是吉祥的象征，因为濒危，也经常与中国进行物种交换繁衍。

百物语中，有一种神奇的鸟名为借物鸟，它并不是真正存在的生物，而是一种妖精，会在夜晚潜入普通人家的卧室，向人借走五官，并声明只借一晚，然后飞到华丽的宅邸中去高歌，第二天，就会如约将五官还回来。被借五官的人，会感受到喉咙火辣辣的，也许，这鸟变作人形就是为了寻欢作乐吧。

为神武天皇引路的三足乌

三足乌受天之命，引导神武天皇走上正途，避开邪魔妖怪。

朱鹮